Bettina Gräf | Julia Tieke

111 Orte in Berlin, die vom Islam erzählen

Mit Fotografien von Mirka Pflüger

111

emons:

Bibliografische Information der Deutschen Nationalbibliothek
Die Deutsche Nationalbibliothek verzeichnet diese Publikation in der Deutschen Nationalbibliografie; detaillierte bibliografische Daten sind im Internet über http://dnb.d-nb.de abrufbar.

MIX
Papier | Fördert gute Waldnutzung
FSC® C083411
FSC www.fsc.org

Gestaltung: Anja Sauerland, nach einem
Konzept von Lübbeke | Naumann | Thoben
Druck und Bindung: CPI – Clausen & Bosse, Leck
Printed in Germany 2023
ISBN 978-3-7408-1516-5

Vorwort

Falls Sie es sich gefragt haben: Die goldene arabische Kalligrafie auf dem Cover dieses Bands bedeutet »Mashallah«. Wörtlich heißt es »wie Gott wollte«, im Alltag wird es ständig benutzt, drückt ein bewunderndes »Wow« aus, ist Glückwunsch und dient der Abwehr von Neid.

Kein Ort dieser Welt, keine Identität, kein Ereignis ist monothematisch, stets kommt es zudem auf die eigene Perspektive an. Für dieses Buch haben wir uns für den Blickwinkel »Islam« entschieden und waren neugierig darauf, die Stadt, in der wir leben, sowie ihre Umgebung unter diesem Aspekt zu betrachten.

Beim Blick ins Inhaltsverzeichnis tauchen vielleicht Fragezeichen auf: Die Wühlmäuse? Die Supermarktkette? Die Weltzeituhr? Manchmal war das Ganze und manchmal nur ein Detail der Anlass, etwas vom Islam zu erzählen, in Berlin und darüber hinaus.

Jede Stadt ist ein Gewebe von Beziehungen, Ereignissen und Erzählungen. Wir ziehen in das bekannte Berlin rote Fäden ein, schlagen Verknüpfungen vor, ohne alles fest zusammenzuschnüren. Mit einer bestimmten Aufmerksamkeit sowohl für historische als auch für zeitgenössische Verflechtungen haben wir uns durch die Stadt bewegt und sie quergelesen.

Islam ist dabei vieles: Glaube, Spiritualität, Überlieferung von Wissen, Geschichte, Tradition, Rituale, Werte, Alltag. Erst im Arbeitsprozess, beim Lesen, Zuhören und Spazieren, haben sich die vielen Dimensionen unseres Vorhabens entfaltet. Das haben wir vor allem den Menschen zu verdanken, die ihre Perspektiven mit uns geteilt haben. Vieles davon teilen wir jetzt mit Ihnen, anderes fand keinen Platz.

Insofern ist das Buch auch eine Einladung, selbst zu entdecken, wo und wie es sich zeigt, dass der Islam zu Deutschland gehört.

111 Orte

1 Die afghanische Halle

Vietnamesisch, afghanisch, muslimisch

Der Geschäftsmann Nguyễn Văn Hiền gründete 2005 einen vietnamesischen Großmarkt in Lichtenberg und nannte ihn nach dem ältesten Markt in Hanoi Đồng Xuân, in etwa »frühlingshafte Ebene«. Zu DDR-Zeiten war er als sogenannter Vertragsarbeiter nach Berlin gekommen und hatte sich nach der Wende selbstständig gemacht. Neben vietnamesischen mieteten nach und nach auch indische, pakistanische und chinesische Händler die großen, heute blauen Hallen auf dem weitläufigen Gelände.

Vor Kurzem sind Händler aus Afghanistan in Halle 12 gezogen, überall hängen grün-rot-schwarze Flaggen: am kleinen Supermarkt namens Paradies, beim Kabul Bazar, wo Teppiche, aber auch Decken, Sitzkissen, Möbel und gerahmte Koranzitate verkauft werden, und am einfachen Kabul Imbiss, der üppige afghanische Gerichte anbietet. Hier steht Jamil und wartet auf seinen Tee. Er ist 2022 nach Deutschland gekommen. Als die NATO 2021 abgezogen war und die Taliban seine Heimatstadt Masar-e Scharif übernommen hatten, war er zunächst zum Arbeiten nach Moskau gegangen. Nach dem Ausbruch des Ukrainekrieges zog er weiter, zu Fuß nach Berlin, circa 1.700 Kilometer in vier Monaten. Er lernt nun Deutsch und möchte Geld verdienen, um seine Familie zu Hause zu unterstützen.

Rund um Halle 12 fühlt er sich wohl, kann in seiner Muttersprache Dari sprechen und lecker essen. Die Läden sind voll mit Waren und gut besucht. Auf vielen Teppichen ist Ahmad Schah Massoud abgebildet, ein Nationalheld und Kämpfer gegen die Taliban in den 1990er Jahren. Überhaupt sind Teppiche vorherrschend, eher persische, weniger afghanische, denn die Kriege der letzten Jahre unterbrachen die Exporttradition. Neben sehr großen Teppichen hängen kleine fürs Gebet. Halle 12 birgt einen Gebetsraum, eine Straße weiter gibt es eine Moschee. Auch in Hanoi liegt ganz in der Nähe des Đồng Xuân mit der Masjid Al Noor eine kleine Moschee.

Adresse Herzbergstraße 128–139, 10365 Berlin-Lichtenberg | ÖPNV Tram M8, 18, 21, Haltestelle Herzbergstraße/Industriegebiet | Öffnungszeiten Mo–So 10–20 Uhr, Di geschlossen | Tipp Gehen Sie auf Streifzug durch alle Hallen.

2 Der Afrikanische Muslimkreis

Brunnen, Krankenhaus, Moschee, Schule, Bibliothek

Neben dem Eingang des Büros hängt ein großes Schild, es bildet den vertrauten Umriss des afrikanischen Kontinents ab. Darauf annonciert sind drei Vereine, die sich die Räumlichkeiten teilen und auch zusammenarbeiten: Network African Rural and Urban Development (NARUD), Landesnetzwerk Afrikanischer Vereine (LAV) und Afrikanischer Muslimkreis (AMK).

Letzterer ist ein Zusammenschluss von Muslimen der afrikanischen Diaspora in Berlin und Umgebung, 2007 gegründet. Sie unterstützen in Deutschland interkulturelles und interreligiöses Lernen sowie antirassistische Bildungsarbeit, ganz konkret beraten sie Eltern und Lehrer. In Kamerun und Togo sind sie in der Bildungs- und Entwicklungsarbeit aktiv, da beides eng zusammengehört. Zum Beispiel hat der AMK mit Partnern in Togo einen Brunnen gebaut, in Kamerun einen Komplex aus Krankenhaus, Moschee und Bibliothek.

Auf der Berliner Konferenz 1884/85 wurde Afrika unter den anwesenden Ländern aufgeteilt. Die Kolonien versprachen hohe Gewinne. Laut Abschlussakte gehörten dem Deutschen Reich nach der Konferenz zusätzlich zu Inseln in der Südsee riesige Gebiete: Deutsch-Ostafrika (heute Tansania, Burundi und Ruanda), Deutsch-Südwestafrika (heute Namibia), Kamerun und Togo. Privatleute gründeten lukrative Firmen, die Plantagenwirtschaft betrieben, unter anderem für Baumwolle. Menschen wurden gnadenlos zur Arbeit gezwungen und bei Widerstand gefoltert und getötet. Sie zu Menschen zweiter Klasse zu degradieren gehörte zum Konzept. Dieses Denken wieder loszuwerden ist offenbar schwer.

Afrikanische Muslime bilden in Berlin eine kleine, jedoch wachsende Gruppe. Sie kamen zu unterschiedlichen Zeiten in die Hauptstadt, als Arbeiter, Händler, Kriegsgefangene, Wissenschaftler oder Ehepartner, manche leben hier in dritter Generation.

Adresse Brüsseler Straße 36, 13353 Berlin-Wedding | ÖPNV U-Bahn U9, Haltestelle Amrumer Straße; Tram M13, 50, Haltestelle Seestraße/Amrumer Straße | Tipp Das von dem Anarchisten und Pazifisten Ernst Friedrich 1925 gegründete Anti-Kriegs-Museum liegt schräg gegenüber.

3 Das Alhambra Cineplex

Ein Hauch von Andalusien im Wedding

Wer aus dem nördlichen Ausgang der U-Bahn-Station Seestraße tritt, wirft unwillkürlich den Blick auf das fünfstöckige Kinogebäude, dessen Glasfassade abends in knallbunten Farben leuchtet. Die Straßenecke markierte einst ein Zentrum des Berliner Nachtlebens, und noch heute sind die sich kreuzenden großen Straßen mitten im Wedding Tag und Nacht belebt.

Das erste Kino eröffnete an diesem Standort im Jahr 1916, fünf Jahre später wurde es ausgebaut und in Alhambra umbenannt. Seit Anfang der 2000er ist es ein Multiplex-Kino, das einzig verbliebene kommerziell betriebene Kino im Wedding, wo sich einst einige Dutzend befanden. Das Alhambra hat sieben Säle und zeigt regelmäßig türkische Filme in Originalfassung mit deutschen Untertiteln. Bis heute zeugt der Schriftzug auf dem Hausdach mit der gleichen Schrifttype wie vor 100 Jahren vom historischen Kinobau.

Benannt ist es nach der Alhambra, dem berühmten Palast- und Festungskomplex im spanischen Granada, Andalusien, das zwischen 711 und 1492 muslimisch regiert wurde. Der historisch und kulturell bedeutsame Ort wurde namensgebend für Einrichtungen in aller Welt, darunter zahlreiche Kinos. »Alhambra« verspricht eine elegante Ästhetik und ist im kulturellen Gedächtnis (nicht nur) der Araber und Muslime eng mit der Blüte der andalusischen Gesellschaft verknüpft.

Drei grundverschiedene Gegenden Berlins kennen nach der Alhambra benannte Orte. Neben dem Weddinger Kino sind es das Al Hamra Restaurant im Prenzlauer Berg, das bei arabischen Intellektuellen beliebt ist, sowie das Alhambra auf dem Ku'damm. Dieses versteht sich heute als »Luxusort im Herzen Berlins« und soll ein edles Kaufhaus werden. Das frisch restaurierte Gebäude mit orientalisierenden Bauelementen war einst selbst ein »Kino Alhambra« und als solches auch ein Treffpunkt für Muslime in der Zeit zwischen den beiden Weltkriegen.

Adresse Seestraße 94, 13353 Berlin-Wedding | ÖPNV U-Bahn U6 und Tram M13, M50, Haltestelle Seestraße | Tipp Schräg gegenüber ist das phantastische chinesische Restaurant Lei's Küche.

4 Der alte Berliner Dom

Preußische Integration durch Taufe

Mit Blick auf das glänzende Kuppelkreuz des neuen Berliner Schlosses lässt sich die Geschichte sogenannter »Türkentaufen« erzählen, hier, am ersten Standort des Berliner Doms. Die (Zwangs-)Taufen von Kriegsgefangenen aus dem Osmanischen Reich waren gesellschaftliche Großereignisse im Namen des Kreuzes. Nach innen stärkten sie die christliche Identität, nach außen manifestierten sie den Sieg über den Islam. Einige Dutzend solcher Taufen sind durch Kirchenbücher belegt, 14 davon zwischen 1597 und 1700 für die Domkirche an diesem Ort.

Brandenburg-Preußen nahm an den »Türkenkriegen« zwischen europäischen Mächten und dem Osmanischen Reich teil. Alle Seiten machten in diesen Kämpfen Kriegsgefangene, verschleppten und versklavten sie. Die im deutschsprachigen Raum als »Beutetürken« bezeichneten Kinder, Männer und Frauen konnten ihre Gefangenschaft durch eine Taufe beenden. Als Christen gerieten sie mit neuem Namen an adlige Höfe, wo sie Teil der »Turquerie« wurden, einer Mode osmanischen Lebensstils inklusive ausstaffiertem Hofpersonal. Das Osmanische Reich verlor nach der erfolglosen Belagerung Wiens 1683 seinen Schrecken und machte Platz für Exotismus und Orientalismus.

Die Ausnahmegeschichte von Friedrich Aly ist in diesem historischen Setting gut dokumentiert. Als Teenager 1686 in Ofen, heute Budapest, gefangen genommen, wurde er wenige Jahre danach getauft und diente am Hof der Kurfürstin Sophie Charlotte von Hannover. 20 Jahre später lebte er als Bürger und angesehener Stadthauptmann von Charlottenburg im heutigen Berlin. Der Historiker Götz Aly zählt zu seinen Nachfahren. Forscher verstehen Preußen heute als hybride Gesellschaft, die gegenüber Andersgläubigen tolerant war und Minderheiten Schutz gewährte. Für böhmische Glaubensflüchtlinge nach Rixdorf (heute Berlin-Neukölln) ist das bekannt, aber auch Muslime konnten ab etwa 1700 Staatsbürger werden.

Adresse Schloßplatz 7, 10178 Berlin-Mitte | ÖPNV U-Bahn U5, Haltestelle Museumsinsel; Bus 248, Haltestelle Fischerinsel | Tipp Zeitungen und Kaffee sowie die Berlin-Sammlungen gibt es in der Zentral- und Landesbibliothek.

5 Die Anton-Wilhelm-Amo-Straße

Struktureller Rassismus im Berliner Stadtbild

Straßenschilder werden in Berlin gern überklebt, die Namen der neun Opfer des Terroranschlags von Hanau waren beispielsweise 2020 für kurze Zeit als Straßennamen in Neukölln zu lesen. Der Hermannplatz wird am Internationalen Frauentag zum »Fraufrauplatz«, und die »Mohrenstraße« war lange die »Möhrenstraße«. Diese wird nach Aktivitäten von Decolonize Berlin e.V. in Anton-Wilhelm-Amo-Straße umbenannt. Das Argument: Der alte Straßenname diskriminiert Schwarze Menschen. Er geht auf die Zeit ihrer Versklavung und ihres unfreiwilligen Dienstes am Berliner Hof zurück.

Die historische Person Anton Wilhelm Amo stammte aus dem heutigen Ghana. Vieles an ihm ist bemerkenswert: die Umstände seiner Verschleppung durch die Niederländische Westindien-Gesellschaft, seine evangelische Taufe und seine exzellente Ausbildung am Hof in Braunschweig-Wolfenbüttel. Er beherrschte fünf Sprachen und studierte in Halle, einem Zentrum frühaufklärerischen Denkens. Dort verfasste er 1729 sein erstes schriftliches Streitgespräch auf Latein: »De jure Maurorum in Europa« (»Über die Rechtsstellung der Mohren in Europa«).

Zum ersten Mal in der deutschen Rechtsgeschichte setzte sich jemand, der selbst als Kind versklavt worden war, mit den unbestimmten Rechten von Menschen afrikanischer Abstammung auseinander und trat für deren rechtliche Gleichstellung ein. Der Philosoph Amo gilt damit als Vordenker des Antirassismus. Ob Amo vor seiner Taufe Muslim war, ist unklar. Abwegig ist es nicht. Viele der zu Hunderttausenden als Arbeitssklaven im 16., 17. und 18. Jahrhundert aus Westafrika verschleppten Menschen waren Muslime.

Nach Vorschrift des Bezirksamts Berlin-Mitte sollen beide Straßenschilder ein halbes Jahr lang nebeneinanderhängen. Nicht dauerhaft, die neue Erinnerungskultur zielt auf positive Beispiele.

Adresse Mohrenstraße, 10117 Berlin-Mitte | ÖPNV U-Bahn U2 und Bus 300, M48, M85, Haltestelle Mohrenstraße | Tipp Das Gebäude der Tschechischen Botschaft repräsentiert ein prachtvolles Stück Sozialistischer Moderne.

6 Die arabische Prinzessin

Ein Leben zwischen allen Stühlen

1886 veröffentlichte der Berliner Verlag Friedrich Luckhardt die zweibändigen »Memoiren einer arabischen Prinzessin« von Emily Ruete. Sie wurde 1844 als Sayyida Salme bint Said auf Sansibar geboren, Tochter des omanisch-sansibarischen Sultans, der über ein Reich am Schnittpunkt zahlreicher Handelsrouten im Indischen Ozean herrschte. Gegen alle Konventionen brachte sie sich selbst Schreiben und Lesen bei. 1867 ließ sie sich protestantisch taufen und heiratete in die bürgerliche Familie des Kaufmanns Heinrich Ruete ein. Diese Entscheidung markierte einen Bruch, für den sie heimlich von Sansibar hatte fliehen müssen. Zunächst lebte sie in Hamburg, nach dem Tod ihres Manns mit ihren drei Kindern an verschiedenen Orten.

Ende der 1870er Jahre kamen sie nach Berlin, wo Ruete Arabisch und Suaheli unterrichtete und auf Deutsch schrieb. Dennoch empfand sie sich als »Fremdling«, »schlechte Christin« und »etwas mehr als eine halbe Deutsche!«. Erst in Beirut, wo sie über 20 Jahre lang lebte, fühlte sie sich wieder zu Hause.

Ihre Memoiren wurden in mehrere Sprachen übersetzt und allein im ersten Jahr viermal aufgelegt. Ruetes Anliegen war es, einem westlichen Publikum ihre Herkunft Sansibar und den Islam generell verständlich zu machen: »Der Orient ist eben trotz der erleichterten Verbindungen noch viel zu sehr das alte Fabelland, und über ihn darf man ungestraft erzählen, was man will.«

Sayyida Salme bint Saids / Emily Ruetes Leben zwischen muslimischem Königshaus, bürgerlicher Kälte und Heimatlosigkeit, die kosmopolitische und komplexe Identität dieser nicht weißen Frau waren damals kaum zu begreifen. Sie starb 1924 in Jena und wurde in Hamburg beigesetzt. Als dort 2022 ein Emily-Ruete-Platz entstehen sollte, führte das zu kritischen Debatten, da sie die Sklaverei hartnäckig verteidigt hatte. Im ehemaligen Sultanspalast auf Sansibar ist ihr ein kleines Museum gewidmet.

Adresse ehemaliger Sitz des Friedrich Luckhardt Verlags, heute ein Bürogebäude, Behrenstraße 29, 10117 Berlin-Mitte | ÖPNV U-Bahn U5, U6, Haltestelle Unter den Linden; U2, Haltestelle Hausvogteiplatz | Tipp Den Gendarmenmarkt gab es schon zu Emily Ruetes Zeiten – breite Bänke laden zum Verweilen ein.

7 Die Ausstellung »Kairo«

»Ein Kulturcentrum der islamischen Welt«

»Und Treptow wurde zu Kairo / Es wurde die Spree zum Nil«, heißt es in einem Gedicht über die Sonderausstellung »Kairo«, die 1896 neben der Gewerbeausstellung im Treptower Park stattfand. Tatsächlich wurden Kiefern zu Palmen umdekoriert, einige direkt neben dem 35 Meter hohen Zement-Nachbau der Cheopspyramide. Die war Kulisse und Aussichtsturm zugleich: Ein Aufzug ermöglichte Besuchern einen Panoramablick mit orientalistischem Spektakel zu ihren Füßen.

»Kairo« bediente den imaginären Orient Europas. Die Ausstellung verdichtete Tausende Jahre ägyptischer Geschichte auf einem überschaubaren Gelände. Außer altägyptischen Bauwerken gab es Basare, Cafés, Wohnhäuser, eine Koranschule und zwei berühmte Kairoer Moscheen, Minarette, Kuppeln und Koranverse inklusive. In dieser historischen Collage fand eine »Völkerschau« mit über 400 Menschen statt, die Tänze, Musik und Rituale aufführten. Gäste konnten Extra-Tickets für muslimische Feste erwerben, und als eine Darstellerin ein Kind bekam, wurde eine »muhamedanische Taufe« (die es im Islam so nicht gibt) als Bezahl-Event inszeniert. Die Zurschaustellung von Menschen zog über zwei Millionen Gäste an, »Kairo« war ein großer ökonomischer Erfolg.

Die Ausstellung unterstrich auch die politischen und wirtschaftlichen Interessen der Deutschen im Nahen Osten und wurde als Kulisse für die diplomatischen Beziehungen zwischen dem Deutschen und dem Osmanischen Reich genutzt. Der ägyptische Khedive (Vizekönig) Abbas Hilmi II. selbst trug zu »Kairo« bei, indem er seine 60-köpfige Hofkapelle nach Berlin entsandte.

Der provisorische Bahnhof »Ausstellung«, der eine direkte Fahrt nach »Kairo« ermöglichte, ist heute ebenso verschwunden wie das ganze Sammelsurium, das nicht für die Ewigkeit, sondern für ein halbes Jahr gedacht war. Zwei Gullydeckel in der Puderstraße fallen auf, sie haben vermutlich bereits 1896 Wasser aufgefangen.

Adresse Puderstraße 21, 12435 Berlin-Treptow | ÖPNV Bus 165, Haltestelle Herkomerstraße | Tipp Jenseits der Bundesstraße liegt das imposante Sowjetische Ehrenmal im Treptower Park.

8 Das Auswärtige Amt

Aufruf zum Dschihad

Eine deutsche Dschihad-Strategie? Tatsächlich, als solche ist der Plan des Deutschen Reichs in die Geschichte eingegangen, im Ersten Weltkrieg Muslime gegen die Kolonialmächte ihrer Länder aufzuwiegeln. »In dem uns aufgedrängten Kampfe gegen England (...) wird der Islam eine unserer wichtigsten Waffen werden«, schrieb der Diplomat Max von Oppenheim 1914 und legte Kaiser Wilhelm II. ein entsprechendes Papier vor.

»Dschihad« bezeichnet das religiöse Bemühen eines Gläubigen, wobei sich der große Dschihad spirituell nach innen, der kleine nach außen richtet, als »Heiliger Krieg«. Dieses Konzept des Kleinen Dschihads wollten die Deutschen damals nutzen. Das Kaiserreich war mit dem Osmanischen Reich verbündet und für die Ausrufung des Heiligen Kriegs auf den muslimischen Partner angewiesen. Im November 1914 legitimierte der Sultan und Kalif Mehmed Reschad die Notwendigkeit dieses Dschihads mit einer Fatwa, einer islamischen Rechtsauskunft. Die »Nachrichtenstelle für den Orient« im Auswärtigen Amt erarbeitete die Strategie unter Leitung von Max von Oppenheim und organisierte Propaganda für die arabische Welt, Indien und den Kaukasus, aber auch für die Kriegsgefangenenlager in Zossen-Wünsdorf südlich von Berlin. Mit den »ungläubigen Deutschen« gegen die »ungläubigen Kolonialmächte« – der Feind meines Feindes ist mein Freund. Diese für den Ersten Weltkrieg gefundene Auslegung von Dschihad wurde auf verschiedenen Wegen verbreitet. Die Propagandazeitung »El Dschihad« erschien unter anderem auf Arabisch und Turkotatarisch, etwa 2.200 Kriegsgefangene folgten dem Aufruf. Sie traten ins osmanische Heer ein, und sei es nur, um dem Lager zu entfliehen.

Der Krieg war für die Deutschen militärisch eine Niederlage, doch die Propaganda diente auch dem langfristigen Ziel, eine deutschfreundliche Stimmung zu erzeugen. Man wusste: Nach dem Krieg werden Geschichten erzählt.

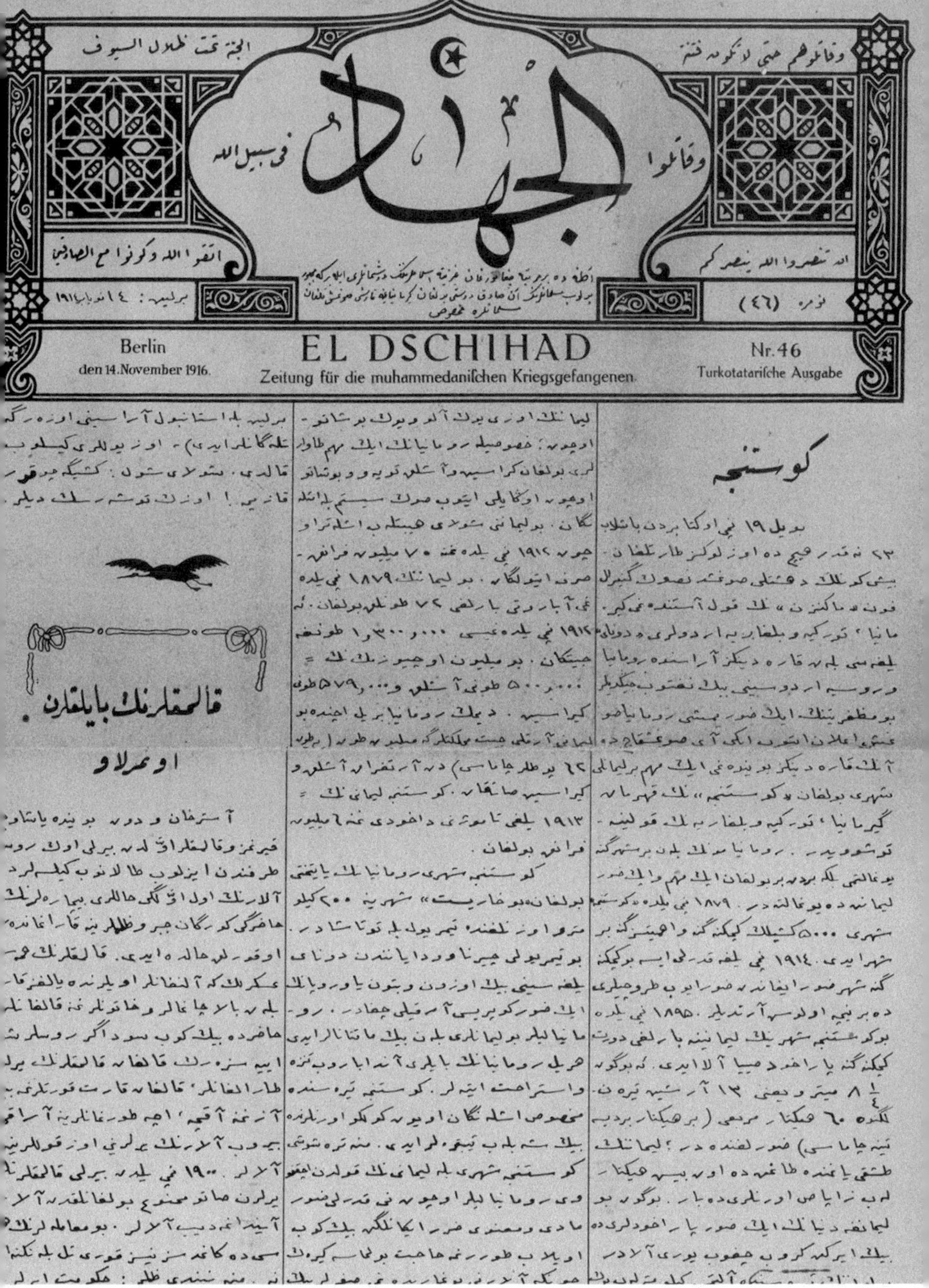

الجهاد

وقاتلوا في سبيل الله

Berlin
den 14. November 1916.

EL DSCHIHAD

Zeitung für die muhammedanischen Kriegsgefangenen.

Nr. 46

Turkotatarische Ausgabe

کوستنجه

Adresse Politisches Archiv des Auswärtigen Amts, Kurstraße 36, 10117 Berlin-Mitte | ÖPNV U-Bahn U2, Haltestelle Hausvogteiplatz; Bus M48, Haltestelle Spittelmarkt | Öffnungszeiten Besuch nur nach Anmeldung, siehe www.archiv.diplo.de | Tipp Ein Spazierweg lädt zum Flanieren am Spreekanal »Kupfergraben« ein.

9 Das Ballhaus Naunynstraße

Postmigrantisches Theater 1

Den Namen Ballhaus trägt das Gebäude des heutigen Theaters seit 1922. Das Haus, 1863 gebaut, beherbergte von Beginn an den Saal, der sich zum Tanz und Theaterspiel bestens eignet. In den 1970er Jahren aufwendig von öffentlicher Hand restauriert, dient er seit 2008 als Spielstätte des ersten institutionalisierten postmigrantischen Theaters, ins Leben gerufen von Shermin Langhoff und Gefährten.

Im Fokus steht die zweite und dritte Generation, diejenigen, »die selbst nicht mehr migriert sind, diesen Migrationshintergrund aber als persönliches Wissen und kollektive Erinnerung mitbringen«, sagte Langhoff 2011. Unter der aktuellen Leitung von Wagner Carvalho wird diese Tradition fortgesetzt und als Schwarzes deutsches Theater erweitert. Ein Theater, das die Auswirkungen kolonialer Vergangenheit im Hier und Jetzt thematisiert sowie Schwarze Perspektiven und Protagonisten ins Zentrum stellt. Der Fokus liegt auf selbstbestimmten Geschichten und eigenen Rollenentwürfen.

»Muslimisierte Körper auf der Bühne: Die Islamdebatte im postmigrantischen Theater« nennt die Islamwissenschaftlerin und Theaterfrau Nora Haakh ihr Buch, in dem sie diesen Zusammenhang untersucht. Sie hat auch am Ballhaus gearbeitet. Einige Stücke reflektieren die Erfahrung von Muslimen in Deutschland: »Schwarze Jungfrauen« von Günter Senkel und Feridun Zaimoglu zum Beispiel. In zehn Monologen zeigt die Aufführung muslimische Innensichten und thematisiert stereotype Zuschreibungen von außen.

In neueren Stücken wird auf rasante Weise erkundet, wie Kinder von Einwanderern mit Glauben, Sexualität und ihrem Umfeld umgehen. Beispielsweise erzählt »Im Strom« von Atilla Oener vielschichtig die Geschichte von Kubi, der als Kind türkischer Eltern auf der Suche nach dem richtigen Weg in diesem Land ist. Seine neu gefundene Orientierung hin zum sufischen Islam bietet ihm keine einfache Rettung.

Adresse Naunynstraße 27, 10997 Berlin-Kreuzberg | ÖPNV U-Bahn U1, U3, U8, Haltestelle Kottbusser Tor; Bus 140, M29, Haltestelle Adalbertstraße/Oranienstraße | Tipp Für Liebhaber legendärer Konzerte und Lesungen liegt das SO36 nebenan in der Oranienstraße.

10 Die Basmala

Eine Linie formt sich zum Markenzeichen

Es handelt sich um ein besonderes Bild, eine Kalligrafie als Ort des Glaubens. Sie ist konkret und abstrakt, alltäglich und spirituell, im Koran zu Hause und im Arabischen verwurzelt. Die Basmala ist ein Segensspruch, der an Rückspiegeln von Autos baumelt, auf Amulette und Schlüsselanhänger geprägt ist oder – wie hier – den Eingang eines türkischen Imbisses rahmt.

»Basmala« bezeichnet die Kurzform von »bi ism allah« – »im Namen Gottes«. Die Anrufungsformel lautet weiter: »des Barmherzigen und Gnädigen«, was zwei der 99 schönen Namen Gottes sind. Mit Ausnahme der Sure 9 steht die Basmala am Anfang jeder der 114 Koransuren. Muslime sprechen sie aus, um Handlungen einzuleiten und sich dabei Gottes Schutz gewiss zu sein. Als kalligrafisches Motiv ist sie sehr beliebt.

Der arabische Begriff für Kalligrafie ist »fann al-khatt« und bedeutet übersetzt »Kunst der Linie«. Tatsächlich hat die Linie in der arabischen Schrift eine besondere Rolle, weil sie sehr flexibel ist. Diese islamische Kunstform kreiert dadurch eine eigene Sphäre zwischen Bild und Text, wobei viele Kalligrafien im Grunde unleserlich bleiben. Nur diejenigen, die ihre Formeln kennen, können sie entziffern. Sie funktionieren wie Logos: Markenzeichen für Gottes Worte aus dem Koran.

An diesem Imbiss formt das Zusammenspiel von Linie und Oberfläche die Basmala zu einer Tulpe, die auf Persisch und Osmanisch »Lale« heißt. Lale setzt sich im arabischen Alphabet aus den gleichen Buchstaben wie Allah zusammen, weshalb die Tulpe auch als göttliches Symbol gilt. Diese Darstellung markiert den Imbiss als muslimisch, seine Gerichte als halal. Ein Statement, das Gläubige lesen können. Die Basmala kann kalligrafisch zu vielen Motiven geformt werden oder einfach kunstvoll geschrieben sein. Sie ist Schrift und Bild, Ornament und Botschaft. In der Dunkelheit strahlt diese hier grün, in der Farbe des Propheten Muhammad.

Adresse Erkstraße 13, 12043 Berlin-Neukölln | ÖPNV U-Bahn U7, Haltestelle Rathaus Neukölln; Bus M41, Haltestelle Erkstraße | Tipp Besuchen Sie das 1914 eröffnete, wunderschöne Stadtbad Neukölln mit Sauna.

11 Der Bautyp Pankow

Die Botschaft von Bosnien und Herzegowina

In drei Sprachen zeigt das Schild die Öffnungszeiten der Konsularabteilung: Bosnisch, Kroatisch und, in kyrillischen Buchstaben, Serbisch. Die Sprachen sind eng verwandt und waren früher als Serbokroatisch bekannt. Das Bosnische hat etwas mehr Lehnwörter aus dem Türkischen und Persischen, was auch damit zusammenhängt, dass die meisten Sprecher Muslime sind. Sie nennen sich selbst Bosniaken. Heute stellen sie circa die Hälfte der Bevölkerung in Bosnien und Herzegowina.

Bis zum Zerfall Jugoslawiens kannte man die Bevölkerung des Landes knapp 70 Jahre lang als Jugoslawen. Im Kalten Krieg unter Tito war das Land wichtiger Akteur der Bewegung der blockfreien Staaten. Am Tag der internationalen Anerkennung Bosnien und Herzegowinas 1992 begann der Krieg um die junge Republik mit der hohen Dichte an verschiedenen Ethnien, Sprachen und Traditionen. Er wurde zum neuen Inbegriff von Schrecken. Trotz Friedensvertrag und territorialen Anpassungen 1995 steht die Konföderation stets unter Druck. Heute bangen die Menschen in Sarajevo wieder um den Frieden.

Etwa 10.000 Bosniaken soll es in Berlin geben. Genau weiß man es nicht, da ethnische wie konfessionelle Zugehörigkeit in Deutschland wegen des Allgemeinen Gleichbehandlungsgesetzes statistisch nicht erfasst werden. Erfasst werden Geburtsort, Sprache und Staatsbürgerschaft. Seit 1992 unabhängig, bezog die ständige Vertretung von Bosnien und Herzegowina 1998 den würfelförmigen Plattenbau des Typs »Pankow III«, entworfen für kleine diplomatische Vertretungen.

Es gibt 20 davon: Nach dem Grundlagenvertrag zwischen den beiden deutschen Staaten und der Aufnahme der DDR in die Vereinten Nationen kam es Anfang der 1970er Jahre zu einer Welle staatlicher Anerkennungen der DDR, und man brauchte Botschaftsbauten. Nach der Wende standen viele der Häuser leer, mit dem Umzug der Regierung nach Berlin füllten sie sich wieder.

Adresse Ibsenstraße 14, 10439 Berlin-Prenzlauer Berg | ÖPNV Tram M1, M2, M13, 50, Haltestelle Schönfließer Straße | Tipp Die Ibsenstraße führt durch eine Gartenanlage auf den Kirschblütenpfad in der Norwegerstraße, der im Frühling eine Schau ist.

12 Der Berliner Kongress

Über eine Million Muslime werden Europäer

1878, quasi über Nacht, mussten Muslime sich entscheiden, Land, Haus und Hof zu verlassen oder aber Bürger der neuen Staaten zu werden, die nun auf dem eben noch osmanischen Balkan gebildet wurden. Der deutsche Kanzler Bismarck hatte Vertreter europäischer Großmächte und des Osmanischen Reichs zum Kongress eingeladen, um den jüngsten der russisch-osmanischen Kriege so zu beenden, dass kein weiterer ausbrechen sollte.

Man tagte einen Monat lang im Palais Schulenburg, das Bismarck kurz zuvor erworben hatte und als Reichskanzlei sowie Wohnsitz nutzte, und veränderte die politischen Grenzen Südosteuropas maßgeblich. Dabei geschah etwas völlig Neues: Laut Berliner Vertrag sollte Staatsbürgerschaft (an Männer) unabhängig von der konfessionellen Zugehörigkeit vergeben werden. Die Europäisierung islamischer Territorien hatte vor 1878 stets die Vertreibung ansässiger Muslime bedeutet, Hand in Hand mit der Überbauung islamischer Architektur wie Moschee, Madrasa (Schule), Friedhof und Hamam. Die anwesenden Vertreter aus Russland, Serbien, Montenegro, Griechenland sowie Österreich-Ungarn in Bezug auf Bosnien-Herzegowina stimmten der Neuerung zu, sogar Großbritannien im Hinblick auf Zypern.

Für die betroffenen Muslime war die radikale Machtverschiebung eine Herausforderung: Dienst in der zuvor feindlichen Armee, neue Besteuerung, Beteiligung am Aufbau der christlichen Nationen. Heute ist der Islam im europäischen Bewusstsein als Glaubenspraxis definiert, vor dem Kongress bedeutete Muslim sein, ähnlich wie christlich und jüdisch zu sein, eine rechtliche Kategorie, eingebettet in regionale Zugehörigkeiten.

Der Umgang mit großen muslimischen Bevölkerungsgruppen in neuen nationalstaatlichen Einheiten und rechtlichen Strukturen war nach 1878 schwierig und wirkt bis heute nach. Das hatten sich Bismarck und die Vertreter des Berliner Kongresses einfacher vorgestellt.

Adresse Wilhelm-, Ecke Voßstraße, 10117 Berlin-Mitte | ÖPNV U-Bahn U2 und Bus 300, M48, M85, Haltestelle Mohrenstraße | Tipp Zwei Tafeln am Zietenplatz informieren über die Geschichte des Regierungsviertels.

13 Die Berliner Moschee

Ahmadiyya-Gemeinde im Westen Berlins

Zwei schlanke, hohe Minarette, eine zwiebelförmige Kuppel, ein großes geschwungenes Portal: Die erste frei stehende Moschee in Berlin wurde in den 1920er Jahren im mondänen Wilmersdorf im indischen Mogul-Stil erbaut und 1925 eingeweiht.

Von der Ahmadiyya-Bewegung in der damals indischen Stadt Lahore (heute Pakistan) als Missionszentrum in Europa gegründet, war sie intellektueller und spiritueller Treffpunkt für Muslime verschiedener Länder, darunter Studenten, antikoloniale Aktivisten, Panislamisten und deutsche Konvertiten. Hugo Hamid Marcus zum Beispiel, der die Moschee 15 Jahre lang als Geschäftsführer leitete, konvertierte aus dem Judentum, blieb gleichzeitig aber Mitglied der jüdischen Gemeinde. Jüdisch-muslimische Freundschaften sollten einigen Juden nach 1933 das Leben retten. Neben der Moscheegemeinde dienten das damals im Vergleich politischere Islam-Institut in der Fasanenstraße sowie verschiedene Restaurants, Bars und Kaffeehäuser rund um den Kurfürstendamm der kosmopolitischen Begegnung.

Im Zweiten Weltkrieg wurde das Moscheegebäude stark beschädigt, die Minarette stürzten ein. Ab 1942 nutzte der Großmufti von Jerusalem, Amin al-Husaini, die Berliner Moschee für seine profaschistische Propaganda. Viele Gemeindemitglieder und Freunde der Ahmadiyya waren spätestens 1939 geflohen.

Seit 2016 leitet Amir Aziz die Gemeinde in der Brienner Straße. Der aus Pakistan stammende Imam studierte zunächst englische Literatur in Lahore und später Arabisch an der Azhar-Universität in Kairo. Er ließ den seit 1993 unter Denkmalschutz stehenden Bau restaurieren und die Bibliothek erneuern. Während der Bauarbeiten betete man vor der Moschee. Der Muezzin ruft freitags auf Arabisch zum Gebet, das auf Arabisch, Deutsch und Englisch abgehalten wird. Entsprechend vielsprachig ist heute die Zusammensetzung der Gläubigen zum Freitagsgebet.

Adresse Brienner Straße 7/8, 10731 Berlin-Wilmersdorf | ÖPNV S-Bahn S41, S42, S45, S46, Haltestelle Hohenzollerndamm; Bus 105, 117, Haltestelle Mansfelder Straße/Barstraße | Öffnungszeiten Führung auf Anfrage unter info@ahmadiyya.org | Tipp Im Sommer findet am Wochenende der Thai-Streetfood-Markt im Preußenpark statt.

14_Die Botschaft Pakistans

Ein buntes Stück Islamische Republik

Botschaften stehen unter besonderem völkerrechtlichen Schutz. Vertreter des Gastgeberlands, in diesem Fall Deutschland, dürfen sie nicht ohne Einwilligung des jeweiligen Staats betreten. Ein Botschaftsgelände ist insofern unverletzlich, stellt aber kein fremdes Staatsgebiet dar. Nichtsdestotrotz repräsentieren Botschaften einen Staat. Im Fall von Pakistan geschieht das unmittelbar mit einer auffälligen Gestaltung der Hauswand im Stil von Truck Art.

Wie der Name sagt, befindet sich Truck Art zunächst auf Lkws. Überall auf Pakistans Straßen fahren Tanklader und Lastwagen, die kunstvoll bemalt sind mit typischen Tier-und Heimatmotiven, Ornamenten, witzigen Sprüchen und islamischen Symbolen. Es ist eine eigene Version von Pop-Art. Die Künstlergruppe Phool Patti aus Karachi hat einen Teil der Außenmauer der Botschaft in diesem Stil gestaltet. Bilder und Slogans heben die deutsch-pakistanische Freundschaft hervor, setzen das Brandenburger Tor neben eines aus dem pakistanischen Peshawar und lassen zwischen Blumenmustern Länderfahnen wehen. Manche Sehenswürdigkeiten aus Pakistan werden so poppig dargestellt, dass sie die Fotos übertrumpfen, die in einem Schaukasten dafür werben, Pakistan »zu entdecken«.

Der Künstler Haider Ali hat es einmal auf den Punkt gebracht: Indien hat Bollywood, Pakistan die Truck Art. Beide sind theatral, überbordend, farbenfroh. Ein Stück davon strahlt in Berlin, der Stadt, in der Leopold Weiss im Jahr 1926 zum Islam konvertierte und als Muhammad Asad an der Verfassung des islamischen Staats Pakistan mitwirkte. Der indische Subkontinent, die ehemalige britische Kolonie, teilte sich 1947 in zwei Nationalstaaten: Indien und Pakistan. Es war eine brutale Teilung mit Massenmigration, Vertreibungen und vielen Todesopfern. Heute können beide Länder bereist werden. Für Pakistan stellt die Botschaft mit der fröhlichen Außenwand ein Visum aus.

Adresse Schaperstraße 29, 10719 Berlin-Wilmersdorf | ÖPNV U-Bahn U2, U3, U9, Haltestelle Spichernstraße; Bus 204, 249, Haltestelle Friedrich-Hollaender-Platz | Tipp Die Bar jeder Vernunft bietet Kabarett, Comedy und Gastronomie im Spiegelzelt.

15 Der Boxgirls Berlin e. V.

Pass dich nicht an, pass die Regeln an

Die Boxerin Zeina Nassar veröffentlichte bereits als 22-Jährige ein Buch über ihren Lebensweg. Darin ist die erste Überschrift »k.o.« am Ende zu einem »o.k.« umgedreht – nicht immer kann man gewinnen, das ist okay. Zeina Nassar aber gewinnt sehr oft.

Gut zehn Jahre ist es her, dass ihre Trainerin und Mitgründerin der Boxgirls, Linos Bitterling, eine Änderung der deutschen Wettkampfbestimmungen erreichte. Seitdem sind Frauen mit Hidschab zugelassen. »Ich bin erst 15 Jahre alt und schon Wegbereiterin. Ich bin das erste Mädchen, die erste Frau, die offiziell mit dem Kopftuch in den Ring steigt«, schreibt Zeina Nassar. Fünf Jahre später ist sie Deutsche Meisterin im Federgewicht. Im Jahr 2019 ändern sich auch die internationalen Bestimmungen – nun kann sie weltweit mit Kopftuch und langer Kleidung unter Shorts und Hemd boxen. Ungefähr gleichzeitig beginnen namhafte Sportmarken, atmungsaktive Hidschabs in ihre Kollektionen aufzunehmen, und Zeina kommt bei einem Hersteller unter Vertrag.

Die Kreuzbergerin vergleicht ihren Glauben mit dem Boxen, beide lehren Disziplin, Kraft und Respekt. Als sie dem Druck von außen nachgeht und herausfinden will, ob sie als Muslima wirklich boxen darf, ermutigt ihre Mutter sie. Die Eltern hätten es längst verboten, wenn es mit dem Islam nicht vereinbar wäre. Und sowieso, der Prophet praktizierte auch einen Kampfsport, das Ringen. In einer Moschee erhielt sie eine ähnlich positive Antwort. Muslime hätten sogar die Pflicht, sich nach ihren Möglichkeiten gesund zu halten.

Boxgirls fördert Mädchen und Frauen so, dass sie sich auch in ihrer eigenen Umgebung für mehr Chancengleichheit und Sicherheit einsetzen. Die Warteliste des Vereins ist bis auf Weiteres geschlossen, informiert die deutsche, englische und arabischsprachige Website. Der Bedarf scheint riesig. Vorbild Zeina Nassar trainiert derweil auf Olympia 2024 hin.

Adresse Johann-Trollmann-Boxcamp, Bergmannstraße 29, 10961 Berlin-Kreuzberg | **ÖPNV** U-Bahn U7 und Bus 140, 248, Haltestelle Gneisenaustraße | **Tipp** Das Konservatorium für Türkische Musik Berlin befindet sich im gleichen Komplex.

16 Der Breitscheidplatz

Ein Ort der Trauer und des Gedenkens

Zu Füßen der Gedächtniskirche, selbst ein Mahnmal gegen den Krieg, erinnert ein Riss an den Terrorakt, und auf der obersten Treppenstufe steht: »Zur Erinnerung an die Opfer des Terroranschlags auf dem Weihnachtsmarkt am 19. Dezember 2016. Für ein friedliches Miteinander aller Menschen.« Darunter die Namen der 13 Todesopfer. Sie kamen aus Deutschland, Georgien, Italien, Israel, Polen, Russland, Tschechien und der Ukraine. Manchmal sind daneben Fotos platziert, Grablichter, Blumen oder andere Andenken.

Bis zur Budapester Straße reicht der 17 Meter lange Riss im Boden, der mit einer Bronzelegierung gefüllt ist. Er markiert einen Ort in Berlin, der auf traumatische Art mit dem Islam verbunden ist. Auch die verstärkten Sicherheitsmaßnahmen, große Betonklötze rund um den Platz, zeugen von der Tat und ihren Folgen.

Ein Tunesier fuhr damals mit einem Sattelschlepper in die Menschenmenge auf dem belebten Weihnachtsmarkt. Es ist das größte bis heute in Deutschland verübte politische Attentat mit islamistischem Motiv. Die Organisation, die sich »Islamischer Staat« nennt, reklamierte es für sich. Ein Untersuchungsausschuss des Bundestags resümierte, die Tat hätte verhindert werden können. Der Fahrer sei kein Einzeltäter gewesen, sondern war bereits als »Gefährder« eingestuft und habe angeleitet gehandelt, teils unter den Augen von Sicherheitsbehörden. In der jüngeren Geschichte steht das Attentat in einer Reihe von ähnlichen Terrorakten weltweit.

Jährlich am 19. Dezember wird der Opfer dieses Anschlags gedacht. Der Weiße Ring und der Berliner Opferbeauftragte kritisieren gemeinsam mit Hinterbliebenen und Betroffenen, die bis heute unter Nachwirkungen und Verletzungen leiden, den behördlichen Umgang mit Entschädigungsansprüchen. Die Verschärfung asylrechtlicher Regelungen in Deutschland 2017 gilt als eine weitere Folge des Attentats am Breitscheidplatz.

Adresse Breitscheidplatz, 10789 Berlin-Charlottenburg | ÖPNV U-Bahn U2, U3, U9, S-Bahn S3, S5, S7, S9, Haltestelle Zoologischer Garten; Bus 100, 200, Haltestelle Breitscheidplatz

17 Das British Hotel

Die geschwächten Osmanen in Berlin

Hier wohnten im Sommer 1878 die drei osmanischen Gesandten des Berliner Kongresses. Gebaut 1842 und 1910/11 durch einen modernen Bürokomplex ersetzt, war das imposante Gebäude in der Prachtstraße Berlins unter Botschaftern beliebt.

Die osmanischen Diplomaten standen vor einer schwierigen Aufgabe. Als damals schwächste Partei mussten sie sich allen Beschlüssen des Kongresses beugen und bekamen auferlegt, die Christen, die im Osmanischen Reich verblieben, durch Reformen gleichzustellen. Ansonsten waren sie Zuschauer bei der Festlegung der neuen Grenzverläufe im Balkan.

Das Osmanische Reich mit islamischer Identität hatte nie nur muslimische Untertanen regiert, sondern war stets ein multiethnisches, vielsprachiges Reich gewesen, in dem neben Muslimen verschiedene Gruppierungen von Christen sowie Juden, Aleviten, Drusen, Jesiden und Zoroastrier lebten.

An der Spitze der Delegation stand Alexander Karatheodory. Er gehörte den Phanarioten an, jenen Griechen, die sich nach der Eroberung von Konstantinopel 1453 den Osmanen zur Verfügung gestellt und seither hohe Ämter und Aufgaben betreut hatten. Dank seiner Bildung und seines Auftretens genoss er unter den Diplomaten hohes Ansehen. Die Art, wie er sich als Christ für die Regierung am Bosporus einsetzte, brachte ihm sogar Sympathie ein. Der osmanische Botschafter in Berlin, Sadullah Bey, fungierte als zweiter, wohl unbedeutender Gesandter. Die Entsendung des Konvertiten Mehmed Ali verstimmte die deutsche Seite. Der in Preußen 1827 geborene Karl Detroit, wie er vor seinem Übertritt zum Islam hieß, war als Schiffsjunge wegen schlechter Behandlung durch den deutschen Kapitän am Goldenen Horn von Bord gegangen und hatte in der osmanischen Armee Karriere gemacht. Bismarck behandelte ihn mit wenig Höflichkeit, wohingegen sein diplomatisches Gegenüber, der dritte deutsche Vertreter, ihn ob seines Wissens schätzte.

Adresse Unter den Linden 56, 10117 Berlin-Mitte | ÖPNV U-Bahn U5, U6 und Bus 100, 147, 300, Haltestelle Unter den Linden | Tipp Durch den Zollernhof durch, dahinter liegt das großräumige japanische Restaurant Ishin.

18 Der Campus Rütli

Raus aus den Schubladen, rein in die Lebenswelten

Es gibt in Berlin viele muslimische Schüler. Oft wird über sie geredet, seltener mit ihnen. Doch pädagogisch ist einiges in Bewegung, und vorn dabei ist dieser Campus.

Froschskulpturen begrüßen Passanten am einen Eingang, am anderen steht die Halle für Sport und Großveranstaltungen, auf deren Betonwand sich Graffiti übereinanderschichten. Der Campus strahlt in den Kiez hinein: Das Stadtteilbüro sitzt hier, zwei Kitas, das Jugendamt bietet hier Sprechzeiten an und die Volkshochschule Deutschkurse für Eltern.

Die Gemeinschaftsschule auf dem Campus ist aus der Rütlischule hervorgegangen, die im Jahr 2006 negative Schlagzeilen machte. Der Leitspruch der neuen Schule, »Kein Kind, kein Jugendlicher geht verloren«, ist Ansporn wie Auftrag, individuell auf die Schüler zu schauen. So entstand auch der Oberstufenkurs »Glauben und Zweifeln«. Zwei Lehrer entwickelten dafür einen Lehrplan, der die Lebenswelten der Schüler aufgreift und zur Selbstreflexion anregt. Seitdem werden in vier Halbjahren philosophische Grundfragen gewälzt: »Was kann ich wissen?«, »Was kann ich glauben?«, »Wie frei bin ich?« und »Wie wollen wir leben?«. Manche Jugendlichen befürchten zunächst, man wolle sie vom Glauben abbringen, doch darum geht es nicht. Die Schüler realisieren schnell, dass sie ernst genommen werden.

Manche haben Fluchterfahrung, andere leben beengt oder sind betroffen von der Lage in der Ukraine oder Afghanistan. Viele sprechen mehrere Sprachen, viele haben Widerstandskraft entwickelt – mussten es. »Resilienzexperten«, fasst eine Schülerin zusammen. Als »Related Crew« sind Rütli-Schüler an Hochschulen unterwegs, wenn sie mit anderen Schülern und Lehrern aus Neukölln und Kreuzberg angehenden Lehrkräften von ihrem Alltag berichten. Erwachsene hören Jugendlichen zu – ein umgekehrter Lernprozess, von dem alle profitieren, eine Befreiung aus dem Schubladendenken.

Adresse Rütlistraße 41, 12045 Berlin-Neukölln | ÖPNV U-Bahn U7, U8, Haltestelle Hermannplatz; Bus M29, 171, 194, Haltestelle Pflügerstraße | Tipp Außer im Winter findet sonntags alle 14 Tage der quirlige Nowkoelln Flowmarkt am Maybachufer statt.

19 Der Charlottengrader

Lev Nussimbaum wird Essad Bey wird Kurban Said

In Baku wurde er nicht geboren, eher in Kiew. Zumindest wurde dort 1905 seine Geburt registriert. Er selbst meinte, im Nirgendwo auf einer Zugfahrt geboren worden zu sein, und er war es auch selbst, der das aserbaidschanische Baku als Geburtsort in seine Biografie schrieb. Fest steht: Er wurde in eine jüdische Familie hineingeboren, mit einem Ölindustriellen als Vater und einer linken russischen Jüdin als Mutter.

Der verschlungene Lebensweg von Lev Nussimbaum, der gerade 17-jährig in Berlin zum Islam konvertierte, nachdem er das Abitur am Russischen Gymnasium abgelegt hatte, und fortan Essad Bey hieß, fasziniert. Sein Leben inspirierte unter anderem zum Musical »Who was Essad?«, das 2016 im Gorki Theater Premiere hatte. Es stammt von The Disorientalists, die mit ihrem Namen an die Stelle von verklärendem Orientalismus eine gewisse Desorientierung setzen, eine angemessene Verwirrung. Die Frage nach Essad Bey beantworten sie in einem Song damit, er sei »ein professioneller Fremder« gewesen, »ein Scharlatan unter einem Fez«, ein »Charlottengrader«. Und dann ist da noch Kurban Said, ein Pseudonym, hinter dem wohl ebenfalls Bey steckt, der Autor des Bestsellers »Ali und Nino«, einer Liebesgeschichte zwischen einem muslimischen aserbaidschanischen Jungen und einem christlichen georgischen Mädchen in Baku.

Der Schriftsteller und Journalist Bey lebte zwei Jahre lang direkt gegenüber vom Berliner Islam-Institut in der Fasanenstraße. Er engagierte sich in panislamischen Zirkeln, verkehrte in der weltstädtischen Kulturszene, veröffentlichte eine Biografie des Propheten Muhammad und eine Autobiografie. Seine bewegte Berliner Zeit skizzierte er 1931: »In einer dunklen, verrauchten Kneipe im Norden Berlins versammeln sich die wenigen Panislamisten. Unsere Zahl wächst, im verrauchten Zimmer werden alle Sprachen des Orients gesprochen, hin und wieder auch Deutsch.«

Adresse Fasanenstraße 72, 10719 Berlin-Charlottenburg | **ÖPNV** U-Bahn U1 und Bus M29, Haltestelle Uhlandstraße; S-Bahn S3, S5, S7, S9, Haltestelle Savignyplatz | **Tipp** Schräg gegenüber informiert die Werkstatt Exilmuseum über das am Anhalter Bahnhof entstehende Museum des Exils.

20 Die CLAIM Allianz

Bündnis gegen Muslim- und Islamfeindlichkeit

Ein kleines Schild an einem der turbulentesten Orte der Hauptstadt, dem Checkpoint Charlie. Der Grenzübergang war bis 1989 Inbegriff der Mauer und damit der scharf bewachten Grenze zwischen Ost- und West-Berlin im Kalten Krieg. Der Hinweis an einer Haustür markiert hingegen eine eher unsichtbare Schwelle hin zur postmigrantischen deutschen Gesellschaft.

Hier sitzt CLAIM, eine breite Allianz von 50 muslimischen und nicht muslimischen zivilgesellschaftlichen Organisationen, die sich 2017 zusammengeschlossen haben. Es geht um fachlichen Austausch, gegenseitige Unterstützung und Vernetzung im Bereich antimuslimischer Rassismus. Ein Schwerpunkt ist das Erfassen von Diskriminierungen und Übergriffen. Zahlen dazu werden bundesweit gesammelt. Betroffene und Zeugen können sich melden.

Finanziert wird der Dachverband unter anderem durch das Förderprogramm »Demokratie leben« des Bundesministeriums für Familie, Senioren, Frauen und Jugend (so heißt es wirklich). Nach den Terroranschlägen vom 11. September 2001 setzte die Bundesregierung mit dem dreisprachigen Onlineportal »Qantara« (arabisch für »Brücke«) sowie den Deutschen Islamkonferenzen (DIK) zunächst auf Dialog mit Muslimen. Mit der Unterstützung von CLAIM rückte auch deren Schutz in den Vordergrund. Unterschiedliche Initiativen arbeiten seither daran, der Diskriminierung von Personen entgegenzuwirken, die entweder muslimisch sind oder als solches angesehen werden: beispielsweise JUMA – jung, muslimisch, aktiv, ein Verein von und für junge Musliminnen und Muslime in Moabit, die Kreuzberger Initiative gegen Antisemitismus oder die Anlaufstelle für Diskriminierungsschutz an Schulen (ADAS) in Steglitz.

Vielerorts deutlich sichtbar wird die Allianz am 1. Juli, dem Aktionstag gegen antimuslimischen Rassismus. Der Tag erinnert an die 2009 ermordete Pharmazeutin Marwa El-Sherbini aus Dresden.

Adresse Friedrichstraße 206, 10969 Berlin-Mitte | ÖPNV U-Bahn U6, Haltestelle Kochstraße/Checkpoint Charlie; Bus 200, 265, Haltestelle Stadtmitte | Tipp Acht Gehminuten entfernt liegt der Gropius Bau mit Ausstellungen zu moderner und zeitgenössischer Kunst.

21 Die Damaskus Konditorei

Heimat geht durch den Magen

Es ist eine Erfolgsgeschichte vor tragischem Hintergrund. Als sich regimekritische Proteste in Syrien 2011 zum Krieg entwickelten, mussten immer mehr Menschen fliehen. Tamim al-Sakka ist einer von ihnen. Der in Syrien sehr erfolgreiche Konditor erreichte 2014 mit seiner Familie zuerst Brandenburg, dann Berlin. Schnell erkannte er, dass hochwertige arabische Süßigkeiten eine Marktlücke waren. Einige bürokratische Hürden und gut zwei Jahre später eröffnete er zur Freude vieler Neu- und Alt-Berliner seine erste Filiale.

Eine Kundin erzählt, sie sei Palästinenserin, jede Region habe eigene Geschichten zu den Süßigkeiten. Zum Prophetengeburtstag gebe es rot-weiße Muschabbak, frittierte Kringel aus Grießteig mit Sirup, zum Ramadan Awamat, kleine Bällchen aus Joghurt und Mehl. Das Fasten im Ramadan wird jeden Tag bei Einbruch der Dunkelheit klassisch mit einer Dattel und einem Schluck Wasser oder Milch gebrochen, um den Magen auf das folgende Essen einzustimmen. Spätestens zum mehrtägigen Fest des Fastenbrechens nach dem Ramadan lockt dann jede Menge Süßes. Aber auch zu Weihnachten gibt es Spezialitäten. Das liegt nicht nur am neuen Zuhause – fünf bis sieben Prozent der Syrer sind Christen verschiedener Konfessionen. Jesus ist ein wichtiger Prophet im Islam, in der Umayyadenmoschee in Damaskus steht für seine erwartete Rückkehr ein eigenes Minarett.

Viele arabische Konditoreien bieten an, die Desserts und Kuchen gleich vor Ort zu naschen, am besten zu bitterem Tee oder Kaffee. Sie finden sich als echte kulinarische Bereicherung in ganz Berlin. »Damaskus« hat zwei Filialen auf der Sonnenallee und eine in Moabit. Freitagmittag schließen sie für eine Stunde – das Mittagsgebet hat Vorrang vor dem Geschäft. Manche Tradition aus der alten Heimat muss einfach bewahrt werden. Ein sinnlicher Teil davon sind geröstete Pistazien, Rosenwasser und fädenziehende Käsefüllungen.

Adresse Sonnenallee 93, 12045 Berlin-Neukölln | **ÖPNV** U-Bahn U7, Haltestelle Rathaus Neukölln; Bus M41, Haltestelle Erkstraße | **Öffnungszeiten** Mo–Sa 10–22 Uhr, So 12–20 Uhr, Fr 13.15–14.15 geschlossen | **Tipp** Süßes und Salziges mit Sitzplatz am Kanal gibt es bei Zimt & Mehl am Weigandufer.

22 Die Dar-Assalam-Moschee

Die Neuköllner Begegnungsstätte Haus des Friedens

Hinein durch den Eingang für Frauen, Schuhe aus, ein schmaler Gang nach rechts, die Treppen hoch in die erste Etage, vorbei an Fenstern, die zeigen: Das Gebäude war einmal eine Kirche. Von oben sieht der Hauptraum wie eine bewohnte Stadt aus, in der Mitte mit dunkelrotem Teppich ausgelegt. Die grün erleuchtete Gebetsnische aus Holz steht etwas schräg zur vorderen Wand, damit sie genau nach Mekka zeigt, wie es ihre Aufgabe ist. Eine Treppe führt zur Kanzel darüber. Links daneben zeigt eine elektronische Tafel die exakten Zeiten fürs Gebet an, täglich fünf: morgens zur Dämmerung, mittags, nachmittags, bei Sonnenuntergang und abends sowie ein Zusatzgebet bei Sonnenaufgang. Noch weiter links ist ein Raum für die Simultanübersetzung der Predigt ins Deutsche.

Erst kamen viele Palästinenser, seit 2015 vermehrt Syrer, erzählt Imam Taha. Für sie predigt er auf Arabisch. Der Literaturwissenschaftler, gebürtig aus Tunesien, lebt schon lange in Deutschland. Zunächst arbeitete er bei Daimler in Bremen. Er schwärmt vom damaligen Bürgermeister Henning Scherf, der schon in den 1990er Jahren zum Zuckerfest gratulierte. In Berlin sitzt Taha oft zwischen allen Stühlen: Verdächtigungen und politische Stimmungsmache durch einzelne Akteure sowie Bedenken seitens der Gläubigen, die aufgrund ihrer Erfahrungen dem Staat oft nur schwerlich vertrauen. Es gibt Momente, da bereut er seinen Weggang von Daimler.

Mediale Berichterstattung ist selten unparteiisch. Bisher konnte sich Taha gerichtlich gegen Falschaussagen wehren. Seit Langem arbeitet er eng mit dem Berliner Senat, unterschiedlichen Gemeinden und anderen muslimischen Organisationen zusammen. Mit Humor und Geschick betreibt er Beziehungspflege zwischen Muslimen und Nichtmuslimen. Alle Berliner sind eingeladen vorbeizukommen, nicht nur zum Fastenbrechen im Ramadan oder am Tag der offenen Moschee.

Adresse Flughafenstraße 43, 12053 Berlin-Neukölln | ÖPNV U-Bahn U8, Haltestelle Boddinstraße | Öffnungszeiten Führungen nach Anmeldung unter www.nbs-ev.de | Tipp Zehn Minuten zu Fuß entfernt liegt das »Oyoun. Kultur NeuDenken«. Hier werden dekoloniale, queer*feministische und migrantische Perspektiven künstlerisch erkundet.

23 Die Deutsche Islam Akademie

Frischer Wind in der Toleranzgasse

Die Akademie befindet sich in einer Straße, die von manchen »Toleranzgasse« genannt wird, denn hier liegen ein alter jüdischer Friedhof, ein jüdisches Gymnasium, ein katholisches Krankenhaus und eine evangelische Kirche. Im Sommer 2020 ist die Islam Akademie hinzugekommen. Eigentlich konnte sich der überwiegend ehrenamtlich getragene Verein die Räume in Berlins schicker Mitte nicht leisten. Die Vermieter fanden das Projekt jedoch so unterstützenswert, dass sie bei der Miete entgegenkamen. Nun residiert die Akademie im ältesten Wohnhaus der Gegend, ein Baudenkmal, das lange Jahre eine Schnapsbrennerei war. Davon zeugen weiß getünchte Bögen im Erdgeschoss, die auch an sakrale Bauten erinnern.

Die Akademie arbeitet für und mit Menschen und dient unter anderem als Treffpunkt für Studierende, eine Mädchengruppe, einen Englischclub. Eine gemütliche Sitzecke lädt zum Verweilen ein, im Regal daneben lockt die Büchersammlung. Der Verein ist Anlaufpunkt für jegliche Fragen zum Islam und versteht sich als Plattform mit Workshops, interreligiösem Dialog und Vorträgen. Die Angebote richten sich an alle Interessierten – und sie kommen: Eine Pfarrerin aus Steglitz schaut gern vorbei, eine Dame aus Weißensee nimmt regelmäßig am »Tafsir« teil, der Koranauslegung eines engagierten islamischen Theologen.

Der Islam ist anders organisiert als das Christentum. Um gesellschaftlich in Deutschland mitzumischen, braucht es neue Strukturen. Die Akademie möchte Muslimen ermöglichen, sich zu engagieren, sei es in der Wohlfahrts-, der Kinder- und Jugendhilfe oder der politischen Bildung. Eins ihrer Programme heißt »Islam outside the box« und ist für alle gedacht, die den Islam aus ihrem eigenen Schubladendenken befreien möchten. Die Akademie nimmt muslimische Vielfalt ernst und unterstützt beim Entstauben alter Weltbilder.

Adresse Große Hamburger Straße 19A, 10115 Berlin-Mitte | **ÖPNV** U-Bahn U8, Haltestelle Weinmeisterstraße; M5, Haltestelle Monbijouplatz | **Tipp** In der Rosenthaler Straße 39 gibt es einen Hinterhof mit Läden und Kneipen im selten gewordenen unsanierten Zustand.

24 Die DRK Kliniken Berlin

Rotes Kreuz, Roter Halbmond, Roter Kristall

Der Kliniktträgerverein DRK-Schwesternschaft Berlin e.V. ist frauengeführt und geht auf einen der ältesten Vereine zurück, der sich systematisch um die medizinische Versorgung von Hilfsbedürftigen kümmert: die 1875 gegründete Rittberg-Schwesternschaft, benannt nach der Krankenschwester Hedwig von Rittberg. Sie versorgten im schnell wachsenden Berlin zunächst Kranke in ihren Wohnungen. Seit der Verein 1898 der Rotkreuz-Organisation beitrat, benutzten die Frauen das Rote Kreuz als Erkennungszeichen.

Laut Website sind die sieben Grundsätze des Roten Kreuzes und des Roten Halbmondes für die Schwestern verbindlich, unter anderem Unabhängigkeit und Universalität. Sie basieren auf den Ideen des Schweizers Henry Dunant, des Gründungsvaters des Internationalen Komitees vom Roten Kreuz (IKRK).

Das bekannte Zeichen des Roten Kreuzes war bei Gründung des IKRK als farbliche Umkehrung der Schweizer Fahne zur Ehrung Dunants gewählt worden und sollte Neutralität symbolisieren. Im Osmanischen Reich empfand man das Kreuz hingegen als eindeutig christlich konnotiert. Die Kreuzzüge des 11. bis 13. Jahrhunderts sind im kollektiven Gedächtnis christlich-muslimischer Beziehungen fest als brutale Ereignisse verankert, und der weiße Umhang der Kreuzritter zeigte oft ein großes rotes Kreuz auf der Vorder- und Rückseite.

Im Russisch-Osmanischen Krieg von 1877 bis 1878 benutzten die Osmanen erstmals den Halbmond als Schutzzeichen. Heute wird er von 33 der 186 anerkannten nationalen Gesellschaften der Bewegung genutzt. Er symbolisiert sowohl die regenreiche Gegend des sogenannten fruchtbaren Halbmonds im Norden der Arabischen Halbinsel als auch die Mondsichel, die bei Sichtung den Fastenmonat Ramadan einleitet. Die Internationale Rotkreuz- und Rothalbmond-Bewegung wiederum verwendet heute den Roten Kristall als Erkennungszeichen, ein 2005 ausgehandelter Kompromiss.

Adresse Drontheimer Straße 39–40, 13359 Berlin-Wedding | ÖPNV U-Bahn U8, U9, Haltestelle Osloer Straße; Tram M13, 50, Haltestelle Drontheimer Straße | Tipp Besuchen Sie das kleine feine Restaurant O-slow mit asiatischer Fusionsküche in der Schwedenstraße.

25 Die Fleischerei Haroun

Mediterrane Spezialitäten chez Youcef

Die Fleischerei wirbt auf Deutsch, Französisch, Arabisch und Türkisch für Spezialitäten des Mittelmeerraums. Die ersten drei Sprachen spricht Youcef Haroun fließend, Türkisch lernte er für die Kunden im Wedding. In den 1980er Jahren kam er für eine Facharbeiterausbildung zum Dreher und Fräser aus dem sozialistischen Algerien in die DDR. Zur Wende blieb er, 2010 eröffnete er den Laden.

»Halal« steht an vielen Imbissen der Stadt. Die Zertifizierung von Fleisch als halal (islamrechtlich für »erlaubt«) bedeutet die Einhaltung bestimmter Regeln: Das gesunde Tier wird mit einem scharfen Messer an der Vorderseite des Halses so getötet, dass die wichtigsten Blutgefäße und die Luftröhre sehr schnell durchtrennt werden; die Schächtung wird von einem Muslim durchgeführt, der dabei »Allah« ausspricht. Zudem darf Halal-Fleisch nicht mit Schweinefleisch, Alkohol oder Fleisch von Tieren, die nicht nach islamischen Vorschriften geschlachtet wurden, in Berührung kommen.

Auch in Youcef Harouns Laden – vor dem die Leute vor allem während des Opferfests Schlange stehen – hängt ein Schild »lahm halal« (Halal-Fleisch), aber ganz so einfach ist die Sache nicht, verrät der Besitzer. Seit 2004 gibt es klare europäische Verordnungen, die diese Art des Tötens aus Gründen des Tierschutzes nur für rituelle Schlachtungen erlauben. Das betrifft sowohl jüdisches als auch muslimisches Schächten. Längst haben sich Schlachtbetriebe auf Halal-Fleisch spezialisiert, die nunmehr eine Mischung aus verschiedenen Regeln einhalten. Die Tiere werden vor der Schlachtung betäubt. Mehrere Siegel bezeugen die Einhaltung der geforderten Standards.

In Algerien wurde die Fleischproduktion nach der Unabhängigkeit von Frankreich 1962 verstaatlicht, das Fleisch weiterhin nach islamischen Regeln verarbeitet und verkauft. Den Sozialismus als politisches Programm gibt es nicht mehr, Halal-Fleisch nach wie vor.

Adresse Prinzenallee 13, 13357 Berlin-Wedding | ÖPNV U-Bahn U8, Haltestelle Pankstraße; Bus M27 und Tram M13, 50, Haltestelle Osloer Straße/Prinzenallee | Öffnungszeiten Mo–Sa 8–19 Uhr | Tipp Auf derselben Straßenseite stoßen Sie an der Badstraße auf das Wandbild der Boateng-Brüder. Es heißt, die Prinzenallee wurde nach dem mittleren Bruder benannt.

26 Die Freie Universität

Wissenschaftliche Beschäftigung mit dem Islam

Auf dem Platz, der die neue Holzlaube der Freien Universität Berlin mit der alten Rost- und Silberlaube verbindet, steht neben Kirschblütenbäumen Kunst am Bau: ein aus Zedernholz geschnitzter Kojote. Mythologisch gilt das Tier als Trickster, als eine Figur, die die (göttliche) Ordnung durcheinanderwirbelt – zum Guten wie zum Schlechten.

In der Ordnung der akademischen Disziplinen zählt die Islamwissenschaft zu den »Kleinen Fächern«. Unterrichtet wurde sie nach der Gründung der Freien Universität 1948 zunächst innerhalb des Instituts für Religionswissenschaft. Die neuzeitliche Kultur und Geschichte des »islamischen Orients«, wie der erste Professor Walther Braune die Forschungsregion nannte, standen im Fokus. Braune interessierte sich nicht für eine trockene, rein auf alte Texte fokussierte Islamforschung, sondern richtete das Fach sozial- und wirtschaftsgeschichtlich aus. Die Ausbildung in den Sprachen Arabisch, Türkisch, Osmanisch und Persisch war dafür Grundlage. Er richtete seinen Blick zudem kritisch auf die Entwicklungen in der deutschen Kultur nach dem Nationalsozialismus. 1969 wurde das eigenständige Institut für Islamwissenschaft gegründet.

Nach der Wende 1989 gab es in vielen Fächern in Berlin eine Dopplung. In der Islamwissenschaft einigte man sich auf eine regionale Trennung: Die Humboldt-Universität baut die Islamforschung zu Asien und Afrika aus, einschließlich der Vermittlung von Sprachen wie Suaheli, Paschtu, Tadschikisch oder Bahasa Indonesia, die Freie Universität konzentriert sich auf den Nahen Osten und Nordafrika.

Seitdem hat sich die deutsche Gesellschaft stark verändert und mit ihr die Studentenschaft. Heute wählen viele Kinder der ersten und zweiten Generation von Zuwanderern das Fach. Die Welt ist vielschichtig und komplex – und der weiße Kojote auf dem Campus beobachtet aufmerksam, wie sich die Islamwissenschaft dazu verhält.

Adresse Fabeckstraße 23, 14195 Berlin-Dahlem | ÖPNV U-Bahn U3, Haltestelle Dahlem-Dorf; Bus M11, Haltestelle Hittorfstraße | Tipp In der Domäne Dahlem gibt es das schönste Biolandfeld Berlins und die Ausstellung »Vom Acker bis zum Teller«.

27 Der Friseurmeisterbetrieb

Achlas Nabha – Make-up, Haare, Kopftuchdesign

»Ich bin Ostfriesin«, betont die Friseurmeisterin, deren 2021 eröffneter Salon rasch zu einer Institution im Kiez wurde. Täglich schauen Nachbarn und Freunde vorbei. Doch Achlas Nabhas Weg dahin war steinig.

Die Eltern flüchteten mit ihr 1986 aus dem Süd-Libanon in ein norddeutsches Dorf und erzogen sie dort traditionell. In steter Angst vor einer Abschiebung lebte die Familie so, dass sie auch im Libanon zurechtkäme. Dazu passte eine Ausbildung zur Friseurin, für die Achlas das Kopftuch eine Weile ablegte.

Mit Gesellenbrief und Ehemann zog sie nach Berlin. Auf dem Ku'damm aber wollte man sie nur ohne Kopftuch, auf der Sonnenallee nur ohne reguläre Anstellung. Zunächst machte sie daher Kundenbesuche, später arbeitete sie doch in einem Neuköllner Salon. Als der aufgelöst wurde, entschied sich Achlas kurzerhand, ihren Meister zu machen. Ohne teure Kurse, mit viel Willenskraft. Sie hatte sich inzwischen scheiden lassen, erzog ihre Kinder allein und paukte, wenn sie schliefen. Nach vier Monaten ging sie zur Meisterprüfung der Handelskammer. Die Juroren provozierten: wie sie sich das vorstelle, so zu arbeiten – also, mit Kopftuch. Auf alles hatte sie eine Antwort. Nach drei Wochen kam der Brief: 100 von 100 Punkten.

Zu feierlichen Anlässen wie Abiball oder Hochzeit drapiert Achlas farblich zum Kleid passenden Schmuck auf Kopftüchern. In eleganten Schachteln werden Perlen, Spitzen und Diademe aufbewahrt, manches aus dem irakischen Kerbela, dem heiligen Ort der Schiiten, an den sie nach der erfolgreichen Prüfung pilgerte. Ihr Glaube ist noch nicht alt, er begann mit einem deutschen Buch über den Islam, das sie eines Tages auf einem Spielplatz fand. Es war eine Befreiung für sie, den Islam zu entdecken. Heute erkennt Achlas in manchen nicht muslimischen Deutschen mehr vom Islam als in Muslimen. Kleidung, Kopftuch – das sind Äußerlichkeiten. Da sieht sie hindurch.

Adresse Bouchéstraße 18, 12435 Berlin-Treptow | **ÖPNV** Bus 171, Haltestelle Mengerzeile; S-Bahn S8, S9, S41, S42, Haltestelle Treptower Park | **Öffnungszeiten** Di–Do 10–16 Uhr, Fr 9–18 Uhr, Sa 9–16 Uhr | **Tipp** Im Schlesischen Busch steht ein denkmalgeschützter DDR-Wachturm, der auch Ausstellungen beherbergt.

28 Der Gebetsruf

Allahu Akbar im Humboldt Forum

»Allahu Akbar«, setzt Nur Muhammed Hisameddin in einer Tonaufnahme von 1916 an – »Gott ist groß«. Der tatarische Kriegsgefangene ruft zum Gebet – aber wen? Es ist 6.45 Uhr, als seine Stimme am 11. Dezember 1916 von einem Phonographen in Wachs geritzt wird, in einer Militärbaracke südlich von Berlin. Vielleicht stieg er anschließend das 23 Meter hohe Minarett der Moschee im Halbmondlager Wünsdorf hinauf und rief die muslimischen Kriegsgefangenen zum Morgengebet.

Hisameddin wurde 1885 im russischen Tobolsk geboren, seine Muttersprache war Tatarisch, sein Beruf Gebetsrufer und Lehrer. Ob er 1916 im brandenburgischen Wünsdorf tatsächlich als Muezzin tätig war, bleibt unklar. Wissenschaftler berichteten von einer besonderen Stimmung im Lager, wenn der Ruf erklang. Das Halbmondlager war auch eine Touristenattraktion, und der Gebetsruf mitten in Brandenburg diente dazu, das Bündnis mit dem Osmanischen Reich hörbar zu unterstreichen.

Das arabische Wort für den Gebetsruf, »adhan«, leitet sich von einer Grundform ab, die »hören, hinhören« bedeutet. Es betont die Verbindung zwischen Rufendem und Hörenden, Muezzin und Gläubigen. Islamischen Überlieferungen zufolge schlug der zweite Kalif Umar vor, mit der Stimme zum Gebet zu rufen, und im Traum eines Prophetengefährten wurde der bis heute gerufene Wortlaut überbracht: »Gott ist groß. Ich bezeuge, dass es keinen Gott außer Gott gibt. Ich bezeuge, dass Muhammad der Prophet Gottes ist. Kommt her zum Gebet. Kommt her zum Heil. Gott ist groß. Es gibt keinen Gott außer Gott.«

Zum ersten Muezzin bestimmte Muhammad vor etwa 1.400 Jahren wegen seiner schönen Stimme Bilal, einen befreiten Sklaven ostafrikanischer Herkunft. Nur Muhammed Hisameddins Stimme, gebannt auf eine Schellackplatte, ist 2021 mit dem gesamten Lautarchiv ins Humboldt Forum gezogen, ins rekonstruierte Berliner Schloss mit dem großen Kruzifix auf der Kuppel.

Lfd. Nr.

PERSONAL=BOGEN

Lautliche Aufnahme Nr.: P.K.626 Ort: Wünsdorf

Datum: 11.12.1916

Zeitangabe: 6 Uhr 45 min.

Dauer der Aufnahme: Durchmesser der Platte: 27 cm

Raum der Aufnahme:

Art der Aufnahme (Sprechaufnahme, Gesangsaufnahme, Choraufnahme, Instrumentenaufnahme, Orchesteraufnahme): Gebetsruf der Mohamedaner Arabisch von e Tataren gespr. (vgl. P. K. 625)

Name (in der Muttersprache geschrieben): }
Name (lateinisch geschrieben): } Nur Muhammed Hisameddin

Vorname:

Wann geboren (oder ungefähres Alter)? 1885

Wo geboren (Heimat)? Tobolsk

Welche größere Stadt liegt in der Nähe des Geburtsortes? Tobolsk

Kanton — Kreis (Ujedz): Tobolsk

Departement — Gouvernement (Gubernija) — Grafschaft (County): Tobolsk

Wo gelebt in den ersten 6 Jahren? }
Wo gelebt vom 7. bis 20. Lebensjahr? } Tobolsk

Was für Schulbildung? tatar. Mittelschule

Wo die Schule besucht? Kyzylhai

Wo gelebt vom 20. Lebensjahr? Tobolsk

Aus welchem Ort (Ort und Kreis angeben) stammt der Vater? }
Aus welchem Ort (Ort und Kreis angeben) stammt die Mutter? } Tobolsk

Welchem Volksstamm angehörig? tatar.

Welche Sprache als Muttersprache? "

Welche Sprachen spricht er außerdem? russisch

Kann er lesen? } Welche Sprachen? }
Kann er schreiben? } Ja Welche Sprachen? } tatarisch russisch

Spielt er ein im Lager vorhandenes Instrument aus der Heimat? }
Singt oder spielt er moderne europäische Musikweisen? } nein

Religion: muhammed. Beruf: gebetsrufer und Lehrer

Vorgeschlagen von: 1.

2.

Adresse Schloßplatz 1, 10178 Berlin-Mitte | **ÖPNV** U-Bahn U5 und Bus 100, 300, Haltestelle Museumsinsel | **Öffnungszeiten** Mi–Mo 10.30–18.30 Uhr | **Tipp** Auf der Dachterrasse gibt es einen tollen Blick über die Stadt sowie eine Klanginstallation des Künstlers Emeka Ogboh.

ne mit hinreichende

Konsonanz

gez.: Wilh. Doegen

29 Der Gedenkstein

Islam und Nationalismus

Nach Ende des Ersten Weltkriegs kam der Chefplaner des Genozids an den Armeniern, Mehmed Talat Pascha, unter falschem Namen nach Charlottenburg. Deutsche Offiziere, alte Verbündete, halfen ihm dabei. 1921 wurde er dort von Soghomon Tehlirian ermordet. Ein Berliner Geschworenengericht sprach den Attentäter später frei.

Die Vorgeschichte: Seit Langem ansässige christliche Armenier gehörten ab dem 16. Jahrhundert zum Osmanischen Reich. Im Gegensatz zu den Christen des Balkans, die im 19. Jahrhundert nach Unabhängigkeit strebten, galten Armenier im Reich als loyal. Die Abspaltung vom Osmanischen Reich war für sie keine Option, da sie verstreut in ganz Anatolien lebten. Sie waren in die türkisch-muslimische Gesellschaft integriert und in vielen Berufen innovativ und hoch angesehen.

Dennoch fielen sie während des Ersten Weltkriegs einem Völkermord zum Opfer. Der extreme Nationalismus der 1908 an die Macht gekommenen Jungtürken richtete sich besonders gegen die Armenier, weil sie immer drängender einen wirksamen Schutz vor Gewalt und Raub verlangten, Anspruch auf vollständige politische Gleichstellung erhoben und dabei auch an europäische Mächte als Garanten appellierten. Einer der Anführer der Jungtürken war Großwesir und Innenminister Mehmed Talat Pascha. Er befahl 1915 die Deportation aller Armenier in die Wüste, mit dem Ansinnen, sie auszulöschen. Sie verhungerten, wurden ausgeraubt und systematisch ermordet.

Talat wurde in Berlin auf dem Islamischen Friedhof am Tempelhofer Feld beigesetzt, 1943 nach Istanbul überführt. Zwei weitere, ebenfalls in Berlin ermordete Verantwortliche für den Genozid, liegen noch immer dort – in aufwendig renovierten Gräbern. Die Türkei verweigert die Anerkennung des Völkermords, der sich vor den Augen aller abspielte, auch der Deutschen. Diese blieben tatenlos, obwohl es Protest gab. Zu wertvoll waren die osmanischen Verbündeten.

Adresse Bebelplatz, Ecke Hinter der Katholischen Kirche 3, 10117 Berlin-Mitte | **ÖPNV** U-Bahn U5, Haltestelle Museumsinsel | **Tipp** Besichtigen Sie die St.-Hedwig-Kathedrale, wo die Deutsch-Armenische Gesellschaft am 14. Mai 1919 den ersten Gedenkgottesdienst für die Opfer des Genozids abhalten ließ.

30_Die Genezarethkirche

Neuerfindung als Interkulturelles Zentrum

Mitten im hippen Schillerkiez hat sich diese Kirche neu erfunden, als sie 2021 zur »Startbahn« wurde. So heißt das Experimentierfeld in neuem Design: kräftige Wandfarben, Liegestühle und Zimmerpflanzen auf der Empore, mit Moos bepflanzte Ecken.

Dass sich im Hauptraum statt Kirchenbänken nun ein runder rosafarbener Teppich mit Sitzkissen befindet und ein Symbol daneben »Schuhe aus« signalisiert, erinnert an Moscheen. Hat es damit zu tun, dass die Pfarrerin Jasmin El-Manhy, die diesen Ort maßgeblich umkrempelte, in einem muslimisch-katholischen Elternhaus aufwuchs? Ihr war der Islam jedenfalls vertraut, als sie nach Neukölln kam, um kirchenfernen Menschen mit spirituellen Bedürfnissen einen Anlaufpunkt zu bieten.

Hier ist auch das Interkulturelle Zentrum Genezareth (IZG) zu Hause, dessen Name an manch muslimischen Trägerverein denken lässt. Den interreligiösen Dialog des IZG leitet inzwischen Juni Hoppe. Sie übernimmt klassische Aufgaben wie das interreligiöse Gebet, setzt aber mit dem Konzept von fluidem Glauben auch ganz neu an. Die Theologin vergleicht das so: Seit Langem fühlen sich Menschen außerhalb der Vorstellung von zwei binären Geschlechtern wohl, inzwischen gilt das ähnlich für den Glauben. Ein Dazwischen-Sein wird nicht mehr als Manko wahrgenommen. Kirche aber wolle häufig noch immer Rahmen setzen, in die sich Individuen einfügen sollen. Natürlich gibt es weiterhin Unterschiede in den Religionen, betont sie, doch mit ihren Angeboten möchte sie auch diejenigen zusammenführen, die sich nicht festlegen wollen.

Mancher Muslim ohne feste Gemeinde fühlt sich hier wohl. Und wenn Schülergruppen zu Besuch sind, ziehen einige Kinder sofort die Schuhe aus und setzen sich auf den Boden, während andere sich damit schwertun. »Für muslimische Präsenz ist aber noch Luft nach oben«, sagt Juni Hoppe. Es ist als Einladung zu verstehen, kostenloses WLAN vor Ort inklusive.

Adresse Herrfurthplatz 14, 12049 Berlin-Neukölln | **ÖPNV** U-Bahn U8 und Bus 166, M43, Haltestelle Boddinstraße | **Tipp** Streifen Sie durch den angesagten Kiez, der von großen Grünanlagen umgeben ist.

31 Die Graffiti

Wandbilder der ägyptischen Revolution

Ammar Abo Bakr trug die ägyptische Revolution, die am 25. Januar 2011 auf dem Tahrir-Platz in Kairo begonnen hatte, künstlerisch nach Berlin. In diesem Hof eines ehemaligen DDR-Kaufhallengebäudes reihte er im Juni 2012 sein Graffito in die Galerie der Wandbilder ein. Von Beginn der Revolution an war Abo Bakr einer der Künstler, die die Mohamed-Mahmoud-Straße im Kairoer Stadtzentrum in eine Chronik der Ereignisse verwandelten. Vorher als Juniorprofessor für Bildende Kunst tätig, verließ er seinen Job, um die Wände der ägyptischen Hauptstadt in eine Zeitung zu verwandeln, wie er es selbst ausdrückt.

Sein erstes Wandbild in Berlin zeigte verschiedene Symbole islamischer und koptischer Tradition. Darunter stand auf Englisch: »Ägypten ist nicht gleich Muslimbrüder.« Abo Bakr hatte, wie viele Intellektuelle und Künstlerinnen, Angst, die ägyptischen Muslimbrüder würden, einmal an der Macht, den islamischen Horizont eng zusammenziehen. Der Muslimbruder Mohamed Mursi gewann dann 2012 die ersten freien Präsidentschaftswahlen nach dem Sturz des korrupten Präsidenten Husni Mubarak, fiel jedoch 2013 während des Militärputsches selbst dem erneuten Militärregime zum Opfer. Seither nahmen die Repressalien wieder zu, und weder religiöse noch sonstige Freiheiten sind in Ägypten heute gestärkt.

Nachdem sein erstes Wandbild hinter 187 neu gebauten Wohnungen verschwunden war, sprühte Ammar Abo Bakr 2015 ein weiteres Graffito am gleichen Ort. Er porträtierte in leuchtenden Farben Shaima Sabbagh, eine sozialistische Aktivistin, Dichterin und Mutter eines fünfjährigen Sohnes, sterbend in den Armen eines Freundes. Sie hatte zum vierten Jahrestag der Revolution unbewaffnet gegen den Militärapparat demonstriert und wurde erschossen. Ein poetischer Schriftzug läuft in grellem Gelb auf Arabisch über das Bild: ثورة بلا يأس ولا أمل »Wir zagen nicht, wir hoffen nicht. – Revolution!« Seit 2021 ist es zur Hälfte mit ukrainischen Farben überdeckt.

Adresse Marienburger Straße 16 HH, 10405 Berlin-Prenzlauer Berg | **ÖPNV** Tram M4, Haltestelle Hufelandstraße; M2, Haltestelle Marienburger Straße | **Tipp** Im ehemaligen Friedhof Leise-Park kann man spazieren und spielen.

32 Das Hamam

Entspannen in der Schokofabrik

Im Frauenzentrum Schokoladenfabrik in Kreuzberg gibt es ein Hamam mit kleinem Kuppelgewölbe. Auf dem Rücken liegend, auf warmem Stein, bietet sich dem Auge das mosaikverzierte Halbrund bis hoch ins dunkelblaue kleine Fenster. »Hamam« auf Arabisch und Türkisch, hat der Ort im Deutschen viele Namen: Badezimmer, osmanisches, türkisches oder orientalisches Bad. Das Wort leitet sich vom arabischen Verb für heizen ab, denn in einem Hamam ist es ordentlich warm.

Hamams wurden in osmanischer Zeit von Anatolien im Osten bis Jemen im Süden und Spanien im Westen gebaut und sind gut erkennbar als Teil islamischer Architektur und muslimischer Praxis, im Dreigespann mit Moschee und Garten, um das Wasser gut zu nutzen.

Muslime hatten von Beginn an die Idee des öffentlichen Bads von der antiken Stadtkultur mit seinen durchdachten Heizungssystemen übernommen. Ein wichtiger Unterschied: Im Hamam fehlt das große Becken. Zur Reinigung braucht es ausschließlich fließendes Wasser, denn das gilt als sauber und auch hygienisch. Eine Gemeinsamkeit: Das öffentliche Bad ist für Frauen und Männer gleichermaßen gedacht, dieselben Räumlichkeiten, genutzt zu verschiedenen Zeiten.

In der Schokofabrik ist das Ganze eine weibliche Angelegenheit. Seit 1988 laden Frauen zu Massage und Körperpflege sowie Entspannung und Gespräch in ihr Hamam ein. Aus silbernen Schalen übergießt man sich dabei mit Wasser. Nach Ende der Schokoladenproduktion (Greiser und Dobritz von 1888 bis 1968) standen die Gebäude leer, waren dann von Frauen besetzt und später mit öffentlichen Geldern umgebaut worden. Seit 2003 sind die »Genossinnenschaft« und circa 20 Frauen Eigentümerinnen der Häuser. Neben dem Hamam gibt es Aikido, Tanz, Handwerkskurse und feministische Bildung sowie Mädchen- und Frauentreffs. Eine behutsame Öffnung für trans*- und intergeschlechtliche sowie nichtbinäre Menschen (TIN) findet gerade statt.

Adresse Mariannenstraße 6 HH, 10997 Berlin-Kreuzberg | ÖPNV U-Bahn U1, Haltestelle Görlitzer Bahnhof | Öffnungszeiten täglich, www.hamamberlin.de | Tipp Im ehemaligen Diakonissen-Krankenhaus Bethanien finden Sie den Kunstraum Kreuzberg/Bethanien mit wechselnden Ausstellungen.

33 Die Hatun-Sürücü-Brücke

Mord an Frauen, weil sie Frauen sind

Eine Brücke, die die Sonnenallee über die Stadtautobahn führt, erinnert an Hatun Sürücü. Sie war Tochter einer aus dem kurdischen Teil der Türkei eingewanderten Familie. Geboren 1982 in Kreuzberg, ermordet 2005 von ihrem Bruder in der Nähe ihrer kleinen Wohnung in Tempelhof, während ihr fünfjähriger Sohn schlief. Die junge Frau zog ihn allein auf und machte gleichzeitig eine Lehre zur Elektroinstallateurin, nachdem sie aus einer erzwungenen Ehe geflohen war und ihr Kopftuch abgelegt hatte. Sie wollte Ayhan Sürücü nur zum Bus bringen, da erschoss er sie. Damals 18 Jahre alt, wurde er von einem Berliner Gericht zu neun Jahren Haft verurteilt und danach abgeschoben. Heute lebt er in der Türkei. Das Gericht ließ zwei weitere Brüder aus Mangel an Beweisen für ihre Mittäterschaft frei. Neue Gerichtsverfahren folgten, auch in der Türkei, ohne anderes Ergebnis.

Muslime wissen: Familienehre ist laut Scharia keines der geschützten fünf Rechtsgüter. Die Ziele islamischer Rechtsnormen liegen vielmehr im Schutz des Selbst, der Nachkommenschaft, des Besitzes, der Vernunft und der Religion. Was das Töten angeht, so ist aus dem Koran Sure 5, Vers 32 ein generelles Tötungsverbot abgeleitet worden. Hier heißt es, an die Kinder Israels gerichtet, einen Menschen zu töten, bedeute, die ganze Menschheit zu töten.

So weit die Theorie. In der Praxis spielt der Ehrbegriff mit patriarchaler Verankerung eine wichtige Rolle, der Schutz der Ehre wird oft zur islamischen Pflicht erhoben. Der ehemalige Schulleiter beschrieb Ayhan Sürücü als höflich. Er selbst erzählte, im Gefängnis habe er erstmals einen Nichtmuslim zum Freund gehabt. Schon lange fordern Experten eine viel bessere Ausstattung von Schulen sowie eine noch engere Zusammenarbeit mit islamischen Verbänden. Dies wäre ein Baustein dafür, Gewalt an Frauen zu thematisieren und frauenfeindlichem Verhalten in der Breite eine Absage zu erteilen.

Adresse Sonnenallee, 12057 Berlin-Neukölln | ÖPNV S-Bahn S41, S42, Haltestelle Sonnenallee; Bus M41, N77, 246, Haltestelle Ziegrastraße | Tipp Ruhen Sie sich auf den Stufen am Neuköllner Schifffahrtskanal aus.

34 Das House of One

Eine visionäre Baustelle mitten in Berlin

Eine Kirche, eine Moschee und eine Synagoge unter einem Dach – noch ist das eine Baustelle. An der mehrspurigen Leipziger Straße ermöglichen Löcher im himmelblauen Bauzaun jedoch schon einen Blick auf das Gelände. Nach zehnjähriger Planung wurde 2021 auf dem ehemaligen Petriplatz, dem mittelalterlichen Gründungsort Berlins, der Grundstein gelegt. Das historische Fundament der Petrikirche soll zukünftig ebenso wie archäologische Funde in das House of One integriert werden.

Das »Haus des Einen« ist also ein Haus der Monotheismen, der drei abrahamitischen Traditionen, die auf den gleichen Stammvater zurückgehen. Theologische Leitlinien für das Gebäude mit drei getrennten Sakralräumen und einem zentralen gemeinsamen Bereich sind in einer Charta von 2011 festgehalten. Es wird allen offen stehen, unabhängig von ihrem Glauben.

Die Baukosten belaufen sich auf etwa 47 Millionen Euro, finanziert von religiösen Gemeinschaften, dem Berliner Senat, der Bundesregierung sowie privaten Spendern. Es ist ein politisch gewolltes Verständigungsprojekt. Kritiker halten den hier geführten interreligiösen Dialog für wenig nachhaltig, sie sehen es als symbolisches Prestigevorhaben.

Symbolisch ist es, denn das Projekt ist beispielhaft und hat nicht den Anspruch, die jeweilige Religionsgemeinschaft insgesamt zu vertreten. Der christliche Träger beispielsweise ist evangelisch, die katholische oder orthodoxe Kirche spielen keine Rolle. Muslimischer Gründungspartner ist das Forum für Interkulturellen Dialog aus Frankfurt am Main. Angesprochene Verbände in der Hauptstadt hatten nicht einsteigen wollen. Der Imam des House of One, Kadir Sancı, ist Religionswissenschaftler und Pädagoge. Er bezeichnet sich als Dialog-Aktivist. Ein inspirierender Begriff, der beschreibt, dass Dialog nicht einfach so entsteht, sondern manchmal forciert werden muss. Kritik eingeschlossen.

Adresse Scharrenstraße 10, 10178 Berlin-Mitte | ÖPNV Bus M248, Haltestelle Fischerinsel | Tipp Über die Fischerinsel spazieren Sie zum ruhigen Märkischen Ufer.

35 Das Humboldt Forum

Holzschnittartig, aber gesegnet: Islam im Schloss

Mitten im Humboldt Forum befindet sich der Raum »Aspekte des Islam«. Die repräsentative Platzierung soll wohl vor allem signalisieren, dass der Islam zu Deutschland gehört. Dazu passt, dass mehrere muslimische Gemeinden zur Ausstellung beitragen. Neben Objekten aus den Ethnologischen Sammlungen gibt es zum Beispiel digitale »Dhikr«-Zähler, die Gläubigen das Gottgedenken erleichtern, Beiträge zum Thema »Kopftuch« und eine Selbstdarstellung des »liberalen Islam«.

Mancher erhofft sich durch die Ausstellung mehr Verständnis und Toleranz gegenüber Muslimen. Andere kritisieren, es werde alles Kantige abgeschliffen und muslimisch zu sein auf Frömmigkeit reduziert, obwohl sich der Glaube in Berlin, Java und Marrakesch doch ganz unterschiedlich ausdrückt. Ein kritischer Anthropologe, vor vielen Jahren aus Pakistan nach Berlin gekommen, resümiert: »Braucht keiner, gibt es aber.«

Tatsächlich scheint die Ausstellung trotz aller Bemühungen etwas starr und vor allem fokussiert darauf, die üblichen Einwände gegen den Islam zu entkräften. Zu kurz kommt die grundlegende menschliche Erfahrung, der Islam als lebendige alltägliche Auslegung, als kulturelle Prägung. Der Raum wirft die Frage auf, weshalb der »Islam« innerhalb einer ethnologischen Sammlung überhaupt derart herausgestellt wird. Vielleicht wäre eine Spur, die anhand einzelner Gegenstände aus ganz unterschiedlichen Weltregionen quer durch das Humboldt Forum führt, interessanter gewesen?

Zur Eröffnung des Raums im September 2022 sorgte das Sufi-Zentrum Rabbaniyya allerdings für eine intensive Erfahrung. Aus ganz Europa kamen Anhänger des Naqschbandi-Ordens, denn ihr Oberhaupt aus Istanbul war angereist. »Es gibt keinen Gott außer Gott«, schallte es durch die Ausstellung. Gebete, Gesänge und Tänze von Derwischen füllten den Raum, der bei der Gelegenheit geweiht wurde und Ordensangehörigen seitdem als sakraler Ort gilt.

Adresse Schloßplatz 1, 10178 Berlin-Mitte | **ÖPNV** U-Bahn U5 und Bus 100, 300, Haltestelle Museumsinsel | **Öffnungszeiten** Mi–Mo 10.30–18.30 Uhr | **Tipp** Über die Spree hinweg befindet sich das Marx-Engels-Forum mit Grünflächen und dahinter der Neptunbrunnen.

36 Die Humboldt-Universität

Berliner Institut für Islamische Theologie (BIT)

Zwei eindrucksvolle vierstöckige Gebäude aus gelbem Klinker. Rechts sitzt das Institut für Katholische Theologie, links das Berliner Institut für Islamische Theologie. Der großräumige Mitteltrakt mit Säulen und Deckenmustern im Jugendstil zeugt von der Zeit, als der Komplex entstand und zunächst für die Rechtsmedizin der Charité genutzt wurde. Er verbindet beide neu gegründeten Zentralinstitute und beherbergt ihre Verwaltung.

Die Gründung des BIT geht auf einen Beschluss des Berliner Senats im Jahre 2015 zurück. Seit 2019 werden hier zukünftige Lehrkräfte für den islamischen Religionsunterricht sowie islamische Theologinnen und Theologen in derzeit fünf Bachelor- und Masterstudiengängen ausgebildet. Eine konfessionelle Anbindung ist dabei nicht zwangsläufig erforderlich. Insgesamt verfügt das Institut über sechs Lehrstühle: Textwissenschaften für Koran und Prophetentradition; Islamische Glaubensgrundlagen, Philosophie und Ethik; Islamisches Recht in Geschichte und Gegenwart; Islamische Ideengeschichte; Vergleichende Theologie in islamischer Perspektive sowie Islamische Religionspädagogik und Praktische Theologie.

In der Lehre und Forschung werden die sunnitische und die schiitische Glaubenstradition gleichermaßen berücksichtigt. Das junge Institut ist somit ein Versprechen für die Zukunft des Islam in Deutschland. Insbesondere das Lehramtsstudium, mit dem sich die islamische Religionslehre in den Kanon der Lehramtsfächer einreiht, ist sehr beliebt.

Zusammen mit dem Studium der Islamwissenschaft an der Freien Universität und des Islam in den Gesellschaften Asiens und Afrikas an der Humboldt-Universität ist das BIT in der Hauptstadt nunmehr ein weiterer Ort für die wissenschaftliche Beschäftigung mit islambezogenen Themen aus unterschiedlichen – islamwissenschaftlichen beziehungsweise islamisch-theologischen – Perspektiven.

Adresse Hannoversche Straße 6, 10115 Berlin-Mitte | ÖPNV U-Bahn U6, Haltestelle Oranienburger Tor; Bus 142, Haltestelle Philippstraße | Tipp Hinter dem Gebäude liegt der berühmte Dorotheenstädtische Friedhof.

37 Der i,Slam

Deutsche Bürger ohne Fußnote

»i,Slam« steht als Wortspiel ebenso für »Islam« wie für »ich slamme«, ich trete an zu einer Art Dichterwettstreit. Poetry-Slams der muslimischen Community in Deutschland gibt es mindestens seit 2011. Damals forderten die Gründer Younes Al-Amayra und Youssef Adlah auf: »Gib deinen Worten eine Stimme, trage vor – 'iqra!'.«

»Iqra« hatte auch der Erzengel Gabriel von Muhammad gefordert. Das markierte den Beginn der göttlichen Offenbarung, festgehalten im Koran. Die mündliche Weitergabe von Gottes Worten nimmt eine zentrale Rolle im Islam ein. Träger dieser Tradition, Männer wie Frauen, die den Koran auswendig rezitieren, sind hoch angesehen. Dichterwettstreite wiederum sind für die Arabische Halbinsel schon vorislamisch nachgewiesen. Eine weitere mündliche Tradition, verbunden mit viel Interaktion mit dem Publikum, ist das Geschichtenerzählen.

Worte haben Macht. Bis 2011 traten Muslime in Deutschland kaum bei Slams auf. Kneipen empfanden sie als wenig einladende Austragungsorte, und männerdominierte Slams machten es Frauen mit Hidschab doppelt schwer, sich auf die Bühne zu stellen. i,Slam wählt neutralere Veranstaltungsorte, verzichtet auf Alkoholausschank sowie auf Beleidigungen. Die Performer thematisieren Diskriminierung und Rassismus, Religion, Liebe, Alltag, Familie, Herkunft. Beim Jubiläums-Slam im Jahr 2022 betonte eine Frau, sie verkörpere auch die Stimme ihrer Mutter, einer Gastarbeiterin. Eine andere slammte über Tamazight, die Sprache der nordafrikanischen Amazigh.

In Berlin gegründet, ist i,Slam inzwischen in vielen Städten vertreten. Die Community drückt eigene Identitäten aus, fordert und lebt Zugehörigkeit und hinterfragt, was es heißt, muslimische Deutsche zu sein, »Deutsche mit Fußnote«. Wann und wo der nächste Slam stattfindet, erfährt man im Internet oder im Berliner Hauptquartier. Dort finden auch Workshops und Kreativwerkstätten statt.

Adresse Hauptquartier i,Slam, Badstraße 35–36, 13357 Berlin-Wedding | ÖPNV U-Bahn U8 und Bus M27, Haltestelle Pankstraße; U9, Haltestelle Osloer Straße | Tipp Direkt hier beginnt ein grüner Spazierweg entlang der Panke.

38 Die Ibn-Rushd-Goethe-Moschee

LGBTQI+ willkommen – eine Imamin traut alle

Im kleinen Gesprächskreis nach dem Freitagsgebet kommt die Frage auf, ob Homosexualität im Koran verboten werde. Ja, nein, vielleicht. Es fällt der Name des Propheten Lut – Lot im Alten Testament. Er warf seinem Volk in der Stadt Sodom vor: Ihr gebt euch in (eurer) Sinnenlust wahrhaftig mit Männern ab, statt mit Frauen (Sure 7, Vers 81). Nicht schwer, hieraus ein Verbot abzuleiten, was die klassische Rechtsauslegung – ähnlich der jüdischen und christlichen – auch tat.

Anders sah es in der Dichtung und Miniaturmalerei aus. Islamische Kulturgeschichte bezeugt reiche Formen der Liebe von Mann zu Mann, weniger reich die von Frau zu Frau. So etwa das 1.000 Jahre alte »Halsband der Taube« von Ibn Hazm aus dem heute spanischen Córdoba oder die Liebesdichtung des Hafez, der im 14. Jahrhundert im persischen Schiraz lebte. Seine Gedichtsammlung (Diwan) hatte Goethe zu dessen »West-östlichem Divan« angeregt.

Es scheint, die Liebe zum gleichen Geschlecht habe erst seit der Moderne rigide strafrechtliche Folgen. Durchaus plausibel, bedenkt man die Geschichte des deutschen Paragrafen 175, der erst 1994 abgeschafft wurde.

Momentan muss man indessen in islamischen Ländern mit der Lupe nach einem wohlwollenden offiziellen Umgang mit Homosexualität suchen. Die Androhung harter Strafen ist die Regel. Auch viele muslimische Gemeinden in Europa lehnen die gleichgeschlechtliche Liebe ab.

In der 2017 gegründeten Moschee werden Menschen unabhängig von ihrer sexuellen Orientierung getraut. Vorausgesetzt, einer der Partner bekennt sich zum Islam, und das Paar hat zuvor standesamtlich geheiratet. Die Moschee, die in einem lichtdurchfluteten Raum einer evangelischen Gemeinde in Moabit zu Hause ist, stellt einen besonderen Ort für Gläubige dar, die andernorts nicht willkommen sind.

Adresse Ottostraße 16, 10555 Berlin-Moabit | ÖPNV U-Bahn U9, Haltestelle Turmstraße; Bus 101, 123, 245, M27, Haltestelle Ottostraße | Tipp Lassen Sie sich im Jemenitischen Restaurant in der Huttenstraße südarabisches Essen schmecken.

39 Der Iran Shop

Nach der Revolution 1979

Beim Eintreten riecht es gut. Der Besitzer Said steht hinter dem Tresen, er hat das gut sortierte Geschäft vor sechs Jahren übernommen. Seine Vorgänger seien 1982 die ersten Iraner gewesen, die in Berlin einen Laden mit Safran, Pistazien und Reis in Fünf-Kilo-Säcken im Angebot eröffneten. Darüber hinaus Bohnen, Linsen, Datteln, Granatapfelsirup, Rosenwasser, Pfefferminzblätter, Weihrauch, Henna und Olivenseife. Bis heute kann man das alles hier kaufen, aber auch Flüge buchen und Umzüge organisieren lassen. Ein Schild vor der Tür klärt darüber in deutscher und persischer Sprache auf.

Viele Iraner kamen während und nach der Islamischen Revolution 1979 nach Berlin. Damals wurde der Schah vertrieben, und ein neues Regime mit dem schiitischen Ajatollah Khomeini an der Spitze etablierte sich. Die Ankömmlinge in Berlin waren unterschiedlicher Gesinnung. Gemeinsam war ihnen die Angst vor einem autoritären Regime, dessen innere Gesetze zwar anders, aus ihrer Sicht aber nicht gerechter waren als die des alten, von den Amerikanern unterstützten Staats. Mittlerweile bekommt schon die zweite Generation ihre Kinder in Berlin.

»Waren Sie schon einmal in Isfahan?«, fragt Saids Frau. »Haben Sie Isfahan nicht gesehen, verpassen Sie die Hälfte der Welt«, betont sie. Die Fliesen, die im Laden verkauft werden, erinnern an die Handwerkskunst dieser imposanten Stadt mit heute über zwei Millionen Einwohnern. Es gab sie schon zu Zeiten Zarathustras. Ein großes Relief jenes Religionsstifters hängt im Shop, auch das Logo des Ladens zeigt den Begründer des Zoroastrismus aus dem zweiten Jahrtausend vor unserer Zeitrechnung.

Im Jahr 642 wurde Isfahan von Arabern erobert. Die Stadt erlebte eine wechselvolle Geschichte unter verschiedenen islamischen Herrschern, mit einer Blütezeit im 17. Jahrhundert unter der ersten schiitischen Dynastie, den Safawiden, die bis heute ihre Schönheit ausmacht.

Adresse Kantstraße 124 B, 10625 Berlin-Charlottenburg | **ÖPNV** U-Bahn U7, Haltestelle Wilmersdorfer Straße; Bus M49, Haltestelle Kantstraße/Leibnizstraße | **Tipp** Das Schwarze Café auf derselben Straßenseite ist ein Muss.

40 Das Islam-Institut

Muslimische Boheme trifft Auswärtiges Amt

Die idyllisch von einem Garten eingefasste Villa des heutigen Literaturhauses hatte von 1927 bis 1930 eine islamische Episode. Ende des 19. Jahrhunderts im Stil eines italienischen Renaissance-Palasts gebaut, beherbergte das Ensemble als Humboldt-Haus unter anderem das Islam-Institut mit dem Islam-Archiv und einer Bibliothek.

Gegründet hatte es der Ingenieurstudent Muhammad Nafi Tschelebi (1901–1933) aus Aleppo. Vermieterin der Räumlichkeiten war die Alexander von Humboldt-Stiftung, die für ausländische Studenten zuständig und dem Auswärtigen Amt zugeordnet war.

Der antikolonial und panislamisch orientierte Aktivist Tschelebi, dem es um Kulturaustausch zwischen Deutschland und der islamischen Welt ging, gab verschiedene Zeitschriften wie beispielsweise das »Islam-Echo« heraus. Zuvor hatte er der Gemeinde der Lahore Ahmadiyya in der Berliner Moschee angehört, sich jedoch von ihr getrennt, da sie ihm zu unpolitisch agierte.

Tschelebi war mit Georg Kampffmeyer befreundet, einem in arabischen Dialekten bewanderten Professor am Seminar für Orientalische Sprachen der Friedrichs-Wilhelm-Universität Unter den Linden, das 1887 vor allem aus kolonialpolitischen Erwägungen entstanden war. Kampffmeyer selbst war seit dem Ersten Weltkrieg auch als Berater für das Auswärtige Amt tätig. Er unterstützte die Ideen Tschelebis finanziell sowie in der Fachzeitschrift »Die Welt des Islam«, die er 1913 mitbegründet hatte. Nach dem ungeklärten Tod Tschelebis schliefen die Aktivitäten des Islam-Instituts ein.

Bis heute gibt es das daraus hervorgegangene Zentralinstitut Islam-Archiv Deutschland. Die umfangreiche Sammlung zum muslimischen Leben in Deutschland ist am Zentrum für Islamische Theologie in Münster untergebracht. Auf Anfrage steht sie Interessierten offen. Auch die Idylle in der Berliner Villa mit Wintergarten kann man nach wie vor bei einem Kaffee genießen.

Adresse Fasanenstraße 23, 10719 Berlin-Charlottenburg | ÖPNV U-Bahn U1 und Bus 109, 110, M19, M29, Haltestelle Uhlandstraße | Öffnungszeiten Mo–So 9–24 Uhr | Tipp Zeitgenössische Fotografie findet sich im C/O Berlin (im Amerika Haus).

41 Der Islamische Friedhof

Preußisch-osmanische Freundschaft seit 1790

Im Oktober 1798 wurde mit Ali Aziz Efendi erstmals ein ständiger osmanischer Gesandter am Berliner Hof nach islamischem Ritus bestattet und in den sogenannten Schlächterwiesen beigesetzt, unweit des Südsterns im heutigen Kreuzberg. Eine Berliner Gedenktafel in der Urbanstraße 15 erinnert an den Begräbnisort.

1790 hatte Friedrich Wilhelm II. ein Bündnis mit dem Osmanischen Reich geschlossen und sich damit sowohl gegen russische als auch österreichische Interessen gestellt. Die Osmanen und die Deutschen sollten noch einige Bündnisse eingehen, bis ihre Reiche nach dem Ersten Weltkrieg zerschlagen wurden.

Als während einer preußischen Heeresreform Ende der 1850er Jahre neue Kasernen gebaut wurden, mussten die bis dato in den Schlächterwiesen Begrabenen umgebettet werden. Der zukünftige Kaiser Wilhelm I. schenkte dem osmanischen Sultan Abdülaziz für die Umbettung der bereits Bestatteten im Jahr 1866 Land am Tempelhofer Feld. Fortan wurde das Gebiet »Mohammedanischer Friedhof« und später »Şehitlik« (Märtyrergrabstätte) genannt. Für das geschenkte Land gab es im Gegenzug ein Stück Grund in Jerusalem, auf dem seit den 1890er Jahren die evangelische Erlöserkirche steht.

Bis heute ist der Friedhof durch die weithin sichtbare Şehitlik-Moschee bekannt. Mit der Zeit wurde er zu klein. Auf dem benachbarten Friedhof Columbiadamm stehen 2.000 Quadratmeter für islamische Gräber zur Verfügung, wobei auch dort der Platz nicht mehr reicht. Dennoch versammeln sich auf dem Gelände der Şehitlik-Moschee weiterhin täglich Trauernde, um gemeinsam zu beten und Abschied zu nehmen. Die Toten werden jedoch entweder auf neuen Grabflächen in Gatow und Ruhleben bestattet oder in ihren Herkunftsländern. Muslimische Bestattungsunternehmen, wie Taha Islamische Bestattung in Neukölln oder Hafemeister Bestattungen in Spandau, kümmern sich um alle damit zusammenhängenden Angelegenheiten.

Adresse Columbiadamm 128, 10965 Berlin-Neukölln | ÖPNV U-Bahn U8, Haltestelle Boddinstraße; Bus M43, Haltestelle Sommerbad Neukölln | Tipp Von Mai bis September lockt nebenan das »Sommerbad Neukölln«, auch »Columbiabad« genannt.

42 Die islamkonforme Bank

»Meine Werte. Meine Bank.«

Die Leipziger Straße ist eine der befahrensten Straßen in Mitte. Hier stehen acht mittlerweile begehrte Hochhäuser aus DDR-Zeiten. Aus der 25. Etage überblickt man von dort ganz Berlin. Kurz vor dem Komplex befindet sich die 2015 eröffnete Berliner Filiale der KT Bank AG. Ein gepflegtes Gebäude, momentan umgeben von Baustellen. Am Bauzaun des Hotel Kubrat rechter Hand hängt ein altes Plakat der Tageszeitung »Junge Welt« mit einer Zeichnung, auf der ein Mann mit rotem Bart – er ähnelt Karl Marx – einen Dönerspieß bearbeitet. Über ihm steht »Eat the Rich« und darüber »Den Spieß umdrehen«.

Das System auf den Kopf stellen – ob das geht, mit einer anderen Form des Bankwesens, das auf Zinsen und Spekulation am Finanzmarkt verzichtet? Die Werbung der KT Bank zur Straße hin verspricht jedenfalls Erfolg durch verantwortungsbewusstes Handeln. Das Logo zeigt eine gelbe Palme auf grünem Grund. Palme gleich Wüste und grün gleich Islam?

KT steht für KuveytTurk, eine türkische Tochtergesellschaft der ersten islamischen Bank in Kuwait. Die Muttergesellschaft Kuwait Finance House wurde 1977 gegründet und ist laut eigenen Angaben eins der führenden Finanzinstitute im internationalen islamischen Bankensektor.

Im großen Innenraum steht alles auf Türkisch und Deutsch. Es liegen zweisprachige Flyer aus, ein Glossar klärt über Vertragsformen auf. Sukuk zum Beispiel sind Wertpapiere, bei denen keine Zinsen auf das angelegte Kapital gezahlt werden. Die Investoren erhalten stattdessen Erträge aus Beteiligungen. Klingt wie das Prinzip einer Gemeinschaftsbank. Wie bei jenen funktioniert auch das KT-Modell im Rahmen des kapitalistischen Wirtschaftssystems und nicht als Alternative. Ein Ethikrat, der hier Sharia Board heißt, überwacht die verschiedenen Finanzprodukte. Folgerichtig die Werbung: Die Bank ist für alle da, für wertebewusste Menschen im Allgemeinen und Muslime im Besonderen.

Adresse KT Bank AG, Leipziger Straße 26, 10117 Berlin-Mitte | ÖPNV U-Bahn U2, U6, Haltestelle Stadtmitte | Tipp Das Museum für Kommunikation befindet sich eine Straßenecke weiter in Richtung Potsdamer Platz.

43 Kalamon

Mohammed, Muhammad, Muhamed, MHMD

Haben Sie sich schon mal gefragt, weshalb der Name Muhammad so viele verschiedene Schreibweisen kennt? Die Antwort ist einfach: Das arabische Schriftalphabet hat nur drei lange und keine kurzen Vokale, sodass das Wort Muhammad aus vier Konsonanten besteht: M-H-M-D beziehungsweise م ح م د. Zusammengezogen wird das zu محمد, und das wiederum lässt sich mit lateinischen Buchstaben unterschiedlich darstellen.

Lust auf mehr? Arabischlernen ist kein Kinderspiel, aber auch keine Unmöglichkeit. Dafür haben Mirvat Adwan und Ghatfan Mahmoud 2017 das Kalamon – Institut für Arabische Sprache gegründet. In »Kalamon« steckt die arabische Wurzel K-L-M, aus der Begriffe rund um Sprache und Sprechen gebildet werden. Der Name erinnert aber auch an das Qalamon-Gebirge nahe Damaskus. Die Gründer kommen aus Syrien, ihr Team bietet neben Dialektkursen und Hocharabisch auch Musikunterricht und Kalligrafie an. Ein Herzensanliegen sind die Kinderkurse – Kalamon ist eine Berliner Sprachschule, die sich ganz auf Arabisch fokussiert und sich auch als Alternative zum Arabischunterricht in Moscheen versteht, der stets mit Koranschulungen einhergeht.

Die arabische Sprache und der Koran sind eng verknüpft. Die Worte Gottes erreichten Muhammad auf Arabisch, deren poetische Strahlkraft wird seit 1.400 Jahren von Muslimen tradiert. Zwischen dem koranischen Arabisch, heutigem Standardarabisch und den Umgangssprachen liegen Welten. Inzwischen gehören »yalla«, »mashallah« und »inshallah« zur Jugendsprache. Darin treffen sich Slang und Glaube: In den arabischen Ausdrücken für »Los geht's«, »wow« und »hoffentlich« steckt »allah« so wie »Gott« in »Gott sei Dank«.

Während einige Berliner Grund- und weiterführende Schulen inzwischen Arabischunterricht anbieten, erstaunt es angesichts des hohen Anteils arabischer Muttersprachler, dass noch immer keine deutsch-arabische Schule existiert. Yalla!

Adresse Reichenberger Straße 125, 10999 Berlin-Kreuzberg | ÖPNV U-Bahn U1, U3, Haltestelle Görlitzer Bahnhof; Bus M29, Haltestelle Ohlauer Straße | Tipp Bei schönem Wetter auf in den Biergarten Jockel am sogenannten Länderdreieck, wo sich Kanäle aus Neukölln, Kreuzberg und Treptow treffen.

44 Die Khadija-Moschee

Ahmadiyya-Gemeinde im Osten Berlins

Die Ahmadiyya wurde im 19. Jahrhundert im britisch regierten Punjab gegründet, einer Region, die sich seit der Teilung Indiens über Pakistan und Indien erstreckt. Die Bewegung hatte eine starke antibritische und antikoloniale Komponente. Nach dem Tod ihres Gründers Mirza Ghulam Ahmad teilte sie sich über die Frage, ob er ein Erneuerer des Islam gewesen sei oder selbst ein Prophet. Der junge Imam der Khadija-Moschee erklärt, seine Ahmadiyya Muslim Jamaat (AMJ) vertrete die zweite Position, die Lahore Ahmadiyya der Berliner Moschee in Wilmersdorf hingegen die erste. Sie sind eine missionarische Bewegung, global orientiert. »Wir verfolgen jedoch keinen Missionsgedanken aus der Steinzeit, sondern verstehen das als Angebot«, fügt er hinzu.

Nähert man sich der 2008 eröffneten Moschee von Süden, sieht man links zuerst den hoch hinausragenden Wasserturm. Rechts erscheint die Turmspitze der im 13. Jahrhundert errichteten Dorfkirche. Die Moschee, die erste, die überhaupt auf dem einstigen Gebiet der Hauptstadt der DDR erbaut wurde, steht dagegen recht verborgen hinter einer Kentucky-Fried-Chicken-Filiale. Das knapp 13 Meter hohe Minarett ist bei der Anfahrt nicht zu sehen.

Entworfen hat das schlichte Gebäude die Frankfurter Architektin Mubashra Ilyas. Es vereint Elemente islamischer Architektur mit denen des Bauhaus. Besonders schön ist die den Frauen vorbehaltene erste Etage direkt unter der kalligrafisch verzierten Kuppel. Omnipräsent der Spruch »Liebe für alle, Hass für keinen«.

Gestiftet wurde der Bau von Ahmadi-Frauen im Rahmen des Vorhabens der AMJ, zu ihrem 100-jährigen Jubiläum 100 neue Moscheen in Europa zu errichten. Auch der Name der Moschee verweist auf die Bedeutung von eigenständig handelnden Frauen. Khadija hieß die Gefährtin und erste Frau des Propheten Muhammad. Sie war 15 Jahre älter als er, erfolgreiche Händlerin und erste Muslima überhaupt.

Adresse Tiniusstraße 7, 13089 Berlin-Heinersdorf | **ÖPNV** S-Bahn S2, S8, Haltestelle Pankow-Heinersdorf; Bus X54, Haltestelle Prenzlauer Promenade/Granitzstraße | **Öffnungszeiten** Moscheeführung auf Anfrage, www.ahmadiyya.de | **Tipp** Sehen Sie sich den Heinersdorfer Wasserturm aus der Nähe an.

45 Khan Aljanub

Übersetzt: gastfreundlicher Ort des Südens

Ohne Zweifel, das ist einer der schönsten Innenhöfe Berlins. Unerwartet, kommt man von der Potsdamer Straße herein. Weinreben und Feigenbäume säumen die Fachwerkremise. Fadi Abdelnour eröffnete hier 2020 seine arabische Buchhandlung. Sie ist gleichzeitig Bar, Café, Kinosaal und gemütlicher Treffpunkt. Er versorgt Arabischlesende mit Literatur, sowohl Klassiker als auch Zeitgenössisches, darunter experimentell gestaltete Bücher und Übersetzungen aus europäischen Sprachen.

Insbesondere Jugendliche der zweiten und dritten Generation möchte der gebürtige Palästinenser mit Belletristik locken. Sie sprechen Arabisch meist als Muttersprache, das Lesen komme aber stets zu kurz. Im Untergeschoss gibt es einen eigenen Raum für Kinderbücher. »Die kleine Raupe Nimmersatt« schaut einen mit rundem Rücken aus der arabisch-deutschen Ausgabe heraus an. Steigt man die mit Bücherstapeln zugestellte Treppe in den ersten Stock hinauf, finden sich Sachbücher im weitesten Sinn, wie eine ganz persönliche, wunderbar illustrierte arabische Musikgeschichte der Künstlerin Lamia Ziadé, außerdem Philosophie, Comics, liebevoll gestaltete Postkarten und eine kleine Auswahl deutsch- und englischsprachiger Titel.

Der Garten im Hof eignet sich im Sommer bestens für Lesungen. Das Buch »Der Muslim und die Jüdin« von Ronen Steinke, in dem er schildert, wie Mod Helmy zusammen mit Freunden im Zweiten Weltkrieg Anna Boros das Leben rettete, wurde hier auf Arabisch und Englisch vorgestellt. Ebenso »Briefe aus Kairo«, ein Band, der die Korrespondenz der Komponistin, Pädagogin und begeisterten Unterstützerin Neuer Musik Brigitte Schiffer versammelt.

Fadi Abdelnour, der hauptberuflich als Grafiker arbeitet, hat jahrelang das arabische Filmfestival ALFILM organisiert. Nun möchte er noch mehr Übersetzungen aus dem Arabischen unterstützen, um die Tiefe und Vielfalt arabischer Literatur zu zeigen.

Adresse Potsdamer Straße 151, 10783 Berlin-Tiergarten | **ÖPNV** Bus M29, M48, M85, Haltestelle Potsdamer Brücke | **Öffnungszeiten** Di–Sa 12–18 Uhr | **Tipp** Das Sultan Hamam in der Bülowstraße ist für Männer und Frauen an verschiedenen Tagen geöffnet.

46 Der Klub der armen Türken

Eine literarische Stimme beschreibt die Weltstadt

Das Berliner Adressbuch von 1920 listet einige tausend Gastwirte auf. Die kurze Grenadier-, heute Almstadtstraße kommt gleich mehrfach vor. Sie war lebendiger Anlaufpunkt im Scheunenviertel, insbesondere für aus Osteuropa eingewanderte Juden.

Der österreichische Schriftsteller und Journalist Joseph Roth hielt das Berliner Leben zu Beginn der 1920er Jahre meisterhaft fest. Er kam aus einer jüdischen Familie, studierte in Lemberg und Wien und lebte fünf Jahre in Berlin. Ein Gasthaus in der Grenadierstraße porträtierte er als Ort türkischer Vielfalt:

»Es gibt viele reiche Türken in Berlin, aber noch mehr arme ... Die nähren sich von Kartenlegen und Feuerschlucken und Handdeuten, obwohl sie in ihrer Heimat Schuster oder Schneider oder Tischler gewesen sind. (...) Es gibt auch türkische Handwerker in Berlin, gewiss, die auf dem goldenen Boden ihres Berufes stehenbleiben. Aber das sind einfach keine Türken. Sondern Berliner, die zufällig in der nächsten Nähe der Hagia Sophia zur Welt gekommen sind, weil ihr Storch sich in den Baustilen nicht ausgekannt und eine Moschee für die Kaiser-Wilhelm-Gedächtnis-Kirche gehalten hat. (...) Doch sollte ich von dem Klub der armen Türken in der Grenadierstraße erzählen: Der ist in den rückwärtigen Räumen eines jüdischen Türkengasthauses, dessen Besitzer seit ungefähr zehn Jahren in Berlin lebt und dessen Tochter einen preußischen Wachtmeister geheiratet hat. Der Jude trägt Bart und Fez, wandelt in einem geblümten Kattunschlafrock mit unzähligen Troddeln durch die zweieinhalb Stuben und sagt, was ein Türke sagen muss, nämlich: Salem Aleikum! (...) Ein Türke sagte mir, dass mohammedanische Türken zwar keinen Schnaps trinken dürfen, aber noch weniger verkaufen. Der Jude aber, der kein Gläubiger des Koran sei, sondern nur ein Gläubiger der bei ihm verkehrenden Türken, *dürfe* Schnaps ausschenken.«

Adresse Almstadtstraße, 10119 Berlin-Mitte | ÖPNV U-Bahn U2, Haltestelle Rosa-Luxemburg-Platz; Bus 100, 200, Tram M2, Haltestelle Alexanderplatz/Memhardstraße | Tipp Die Volksbühne am Rosa-Luxemburg-Platz bietet aufregende Theater- und Konzertabende.

47 Die Komische Oper

Orientphantasien auf großer Bühne

Der Ort hat eine lange Geschichte. Sie beginnt mit dem »Theater in der Behrenstraße«, in dem Lessings »Nathan der Weise« 1783 zur Uraufführung kommt, jenes Stück über Toleranz, das die Gleichwertigkeit von Christentum, Islam und Judentum formuliert. Aufgeführt wurde damals auch die neue Gattung des Singspiels, als komische Oper ein populärer Gegenentwurf zur Hofoper. An diese Tradition knüpfte Walter Felsenstein an, als er 1947 die heutige Komische Oper in Berlin gründete.

Frühe höfische wie komische Opern schwelgten in Darstellungen des Orients. Dieser wurde aus deutscher Sicht bis Ende des 18. Jahrhunderts als zwar anderer, aber nicht fremder, sondern vertrauter Teil der eigenen Kultur wahrgenommen. In »Türkenopern« standen zunächst osmanische Sultane im Zentrum, die als Figuren dem Bedürfnis nach Höfisch-Historischem gerecht wurden – der europäische Adel identifizierte sich mit Gesellschaft und Politik des Osmanischen Reichs. Musikalisch waren die Opern mit dem Alla-turca-Stil verbunden, der sich aus Rhythmen, Harmonien und Instrumentierung osmanischer Militärkapellen (Janitscharen) entwickelt hatte, zu hören etwa in der Ouvertüre von Christoph Willibald Glucks als »Die Pilger von Mekka« bekannter Oper von 1764. Ab den 1770er Jahren änderte sich die Opernmode, und der Sultanspalast (Serail) wurde vom politischen Schauplatz zur Szenerie für Dramen, in denen (christliche) Jungfrauen in den Serail entführt werden. Prominentestes Beispiel ist Mozarts »Die Entführung aus dem Serail« (1782) mit Figuren, die durch Alla-turca-Musik charakterisiert sind.

Als eine Art zeitgenössisches Echo dieser Geschichte öffnet sich die Komische Oper seit 2011 im Projekt »Selam Opera!« zur Berliner Stadtgesellschaft hin. Musiker fahren im Kleinbus in die Kieze, die »Bremer Stadtmusikanten« wurden vom türkischen Komponisten Attila Kadri Şendil neu vertont.

Adresse Behrenstraße 55–57, 10117 Berlin-Mitte | ÖPNV U-Bahn U5, U6 und Bus 100, 147, 300, Haltestelle Unter den Linden; U-Bahn U5, S-Bahn S1, S2, S25, S26 und Bus 100, Haltestelle Brandenburger Tor | Tipp Aktuell wandert die Komische Oper an verschiedene Spielorte, während das Stammhaus saniert wird – eine Chance, Musiktheater an Orten wie dem Hangar 1 im ehemaligen Flughafen Tempelhof zu erleben.

48 Der Konvertit aus Lwiw

Intellektuell, überraschend und prominent

Das Leben Muhammad Asads passt auf keine Gedenktafel. 1900 als Leopold Weiss im heute ukrainischen Lwiw geboren, bewegte er sich ab 1922 in den intellektuellen Kreisen Berlins. Im gleichen Jahr reiste er nach Palästina und war fasziniert von der Spiritualität des Islam. Vier Jahre später konvertierte er in der Moschee der ersten Berliner muslimischen Gemeinde in Wilmersdorf und nannte sich fortan Muhammad Asad.

Der Grenzgänger lebte als Freund des Staatsgründers Ibn Saud einige Jahre in Saudi-Arabien, wo er mehrfach nach Mekka pilgerte, sich in Koranstudien vertiefte und seine saudi-arabische Ehefrau 1932 den Sohn Talal Asad bekam. Der definierte später als Anthropologe den Islam als »diskursive Tradition«, als sich stetig wandelnde Auseinandersetzung mit den überlieferten Texten. Als Teil dieser Tradition übersetzte Muhammad Asad den Koran sowie islamische Rechtstexte ins Englische und veröffentlichte zu Religionsfragen.

1932 ging er nach Indien, 1947 wirkte er an der Gründung der Islamischen Republik Pakistan mit, als die Kronkolonie von der britischen Kolonialmacht unabhängig und in die heutigen Staaten Bangladesch, Indien und Pakistan geteilt wurde. Als Staatsbürger der islamischen Republik vertrat Asad Pakistan bei der UN in New York und veröffentlichte etwa zeitgleich seinen autobiografischen Weltbestseller »Der Weg nach Mekka«. Manche sagen, kein anderes Buch außer dem Koran selbst habe mehr Menschen den Weg zum Islam gewiesen.

Zu seinem Lebensende zog er ein auch bitteres Resümee: Er habe sich in den Islam verliebt, doch die Muslime überschätzt. Heute setzen sich Islamwissenschaftler weltweit mit Asad auseinander. In Wien ist der Platz vor dem Büro der Vereinten Nationen nach ihm benannt, in Lwiw ein islamisches Kulturzentrum. Zuletzt lebte Asad im spanischen Andalusien, sein Grab befindet sich auf dem muslimischen Friedhof in Granada.

Adresse Hannoversche Straße 1, 10115 Berlin-Mitte | ÖPNV U-Bahn U6, Tram M1, M5, 12 und Bus M1, Haltestelle Oranienburger Tor | Tipp Nebendran im O.F.T. Laden – Ohne Frage Toll – lässt sich nach Vintageklamotten stöbern.

49 Die Koransammlung

Diese Handschriften sind viel älter als Berlin

Hier liegt sie also, eine der weltweit umfangreichsten Sammlungen von Handschriften aus den Regionen Naher Osten, Mittelasien, Südasien und Afrika. Der Eifer früher Forschungsreisender und die Suche nach den eigenen christlichen Wurzeln führten zu den ersten Sammlungen sogenannter orientalischer Handschriften in deutschen königlichen Bibliotheken. So basiert die 1919 eröffnete Orientabteilung der Staatsbibliothek zu Berlin auf der 1661 vom Großen Kurfürsten Friedrich Wilhelm (1620–1688) begründeten Bibliothek. Neben Bibelexemplaren auf Arabisch, Armenisch, Äthiopisch, Griechisch, Hebräisch, Koptisch und Syrisch – in jeweils eigenen Schriftsystemen – kauft und sammelt man hier auch systematisch Koranmanuskripte und -drucke.

Digitalisierung der kostbaren und zum Teil kunstvoll illustrierten Blätter ist heute ein wichtiges Stichwort. Ein anderes lautet »Radiokarbonmethode«, mit der aus Tierhaut gefertigtes Pergament auf sein Alter hin analysiert wird. So konnte man feststellen, dass einige Blätter der ältesten überhaupt erhaltenen Koranhandschrift weltweit im Besitz der Berliner Sammlung sind. Datiert wurden sie auf die erste Hälfte des 7. Jahrhunderts, der Prophet Muhammad starb 632.

Die Stabi West, wie der denkmalgeschützte Bau kurz genannt wird, kooperiert mit Museen und Forschungseinrichtungen, national und international. Für die Koransammlung bedeutend ist die Zusammenarbeit mit dem Projekt Corpus Coranicum der Berlin-Brandenburgischen Akademie der Wissenschaften. Diese Grundlagenforschung zeigt die »enge Beziehung des Korans zu zahlreichen Umwelttexten, die ihn als Text der Spätantike ausweist.

Nach Anmeldung kann man im Orient- und Ostasienlesesaal an und mit den Handschriften forschen. Allerdings wird das nach Plänen von Hans Scharoun in den 1970er Jahren errichtete Haus mit den imposanten Hochmagazinen in den nächsten Jahren generalsaniert.

Adresse Potsdamer Straße 33, 10785 Berlin-Tiergarten | ÖPNV S-Bahn S1, S2, S25, S26 und U-Bahn U2, Haltestelle Potsdamer Platz; Bus 200, 300, M41, Haltestelle Philharmonie Süd | Öffnungszeiten Lesesaal: Mo–Fr 9–15 Uhr, digitalisiert unter www.stabi-kulturwerk.de zu finden | Tipp Auf der anderen Seite der Straße steht mit der Berliner Philharmonie die ebenfalls von Scharoun entworfene architektonische Schwester der Stabi West.

50 Vom Kotti zum IS

Denis Cuspert, Deso Dogg, Abou Maleeq

Der Verkehrsknotenpunkt ist vieles: rau, vielfältig, wunderbar. An einer Ecke des Kottbusser Tors befindet sich eine interkulturelle Familienbibliothek. Auf Türkisch, Englisch und Deutsch steht es an der Glastür, ein Lernort für alle. Benannt wurde sie nach dem Mitbegründer der Sozialdemokratischen Partei Deutschlands, Wilhelm Liebknecht, und dem liberal gesinnten osmanischen Literaten Namik Kemal.

Mittlerweile gibt es hier noch viel mehr Sprachen und Menschen aus aller Welt. Im Februar 2023 wurde eine Polizeiwache im Hochhaus über der Adalbertstraße eröffnet, direkt neben dem beliebten Café Kotti. Wegen der hohen Straßenkriminalität, hieß es. Der Café-Besitzer erhofft sich ein gutes Miteinander.

Auch Deso Dogg, Gangsta-Rapper und Mitglied der Hip-Hop-Gruppe und Straßengang »Boys 36«, war am Kotti zu Hause. Denis Mamadou Gerhard Cuspert, wie er bürgerlich hieß, ist noch für etwas anderes bekannt. Als seine Musikkarriere nicht mehr so erfolgreich lief, konvertierte er, nannte sich Abou Maleeq, predigte als machomäßig auftretender Salafist einen strengen Islam, lehnte Musik ab. Er wurde gesucht und floh aus Deutschland. 2014 trat er der Organisation des Islamischen Staats (IS) bei, wo er führende, zum Teil extrem gewalttätige Aufgaben übernahm. Er starb in Syrien.

Seine Biografie ist kein Einzelfall, eher eine Blaupause, sagen Forscher, die sich mit der Frage beschäftigen, warum Jugendliche aus Europa zum IS gingen. Nicht die Ideologie, eher das soziale Angebot war attraktiv, ist das Ergebnis einer Studie. Der französische Journalist Nicolas Hénin, der zehn Monate als Geisel vom IS gefangen gehalten wurde, weist in seinem 2015 erschienenen Buch einfache Antworten zurück und warnt davor, Terror militärisch besiegen zu wollen. Gute Ausstattung von Schulen und Kultureinrichtungen sowie sensible Polizeiarbeit seien wichtige Voraussetzungen dafür, dass niemand abgehängt wird.

Adresse Kottbusser Tor, 10999 Berlin-Kreuzberg | ÖPNV U-Bahn U1, U3, U8 und Bus M29, 140, Haltestelle Kottbusser Tor | Tipp Im Südblock an der Südseite des Kotti lässt es sich gut essen, feiern und tanzen.

51 Der Landschaftsfriedhof

Von Gott kommen wir, und zu ihm kehren wir zurück

Hinter dem massiven Glockenturm im Eingangsbereich liegt rechts der islamische Friedhofsteil, der seit seiner Eröffnung Anfang der 1980er Jahre mehrfach erweitert wurde. Als Erstes fällt die Ausrichtung der Gräber ins Auge, diagonal zur von Birken gesäumten Hauptallee. Der Islam sieht vor, Verstorbene mit dem Gesicht und den Füßen, wie im Gebet, in Richtung Mekka gewandt zu beerdigen.

Gleich auf dem ersten Friedhofsabschnitt befinden sich viele Kindergräber, zwischen Geburts- und Todesdaten liegen nur wenige Tage, Wochen oder Jahre, manchmal sind die Daten gar identisch. Auch für sie gilt im Islam die ewige Totenruhe, jedoch sieht das deutsche Friedhofsrecht nur 20 Jahre Ruhezeit vor, die verlängert werden können, selten aber über 40 Jahre hinaus.

Viele Inschriften enthalten die Worte »Fatiha« oder »Ruhuna Fatiha«, eine Bitte an Besucher, für die verstorbene Person die wichtige erste Koransure, die »Fatiha«, zu beten. Manchmal ist ein Geburtsort angegeben und verweist auf entfernte Städte und Regionen: Kabul auf Afghanistan, Tabriz auf den Iran, Prishtina auf den Kosovo und Üçkavak auf die Türkei. Einmal ist schlicht »Algerien« zwischen Geburts- und Todesdatum gequetscht, als sei im letzten Moment entschieden worden, die Herkunft zu markieren.

Der große Parkfriedhof lädt zum Spazieren ein, aber seine Lage am Stadtrand bedeutet für viele Angehörige eine weite Anreise. Bis zu 25 Kilometer lange Wege sind ziemlich weit entfernt von dem Ideal, Friedhöfe in Wohnortnähe zu haben.

Von derzeit sechs Berliner Friedhofsanlagen mit muslimischen Grabfeldern ist dies die einzige mit einem Raum für die im Islam vorgesehene Waschung. Seit im Jahr 2011 die Sargpflicht in Berlin abgeschafft wurde, können Verstorbene muslimischen Glaubens in ein weißes Tuch gewickelt beerdigt werden, ganz so, wie es vorgesehen ist. Friedhofspolitik als Integrationspolitik.

Adresse Maximilian-Kolbe-Straße 18, 14089 Berlin-Kladow | ÖPNV Bus 135, 638, Haltestelle Landschaftsfriedhof Gatow | Öffnungszeiten täglich, Winter 7.30–18 Uhr, Sommer 7.30–20 Uhr | Tipp Längere Spaziergänge sind rund um den Friedhof auf Rieselfeldern möglich.

52 Der Lokschuppen

Der deutsche Kaiser und das osmanische Bahnnetz

»Furchtlos und beharrlich«, steht verschnörkelt in einer Ecke des Salonwagens Nr. 1, dem persönlichen Abteil von Kaiser Wilhelm II. Beharrlich war sein Einsatz für ein Eisenbahnnetz, das Europa mit Asien verbinden würde. »Berlin–Bagdad« hieß die Devise. Eine Infrastruktur bis zum Persischen Golf (der letzte Teil wurde nicht realisiert) sollte neue Absatzmärkte erschließen und mehr Einfluss im imperialen Interessensgebiet Frankreichs und Großbritanniens ermöglichen.

Die Konzession des Osmanischen Reichs für die Bagdadbahn ging an ein deutsches Konsortium, gebaut wurde 1903 bis 1918. Über eine Nebenstrecke Aleppo–Damaskus gab es Anschluss an die Hedschasbahn, die seit Sommer 1908 in den Hedschas fuhr, wo Mekka und Medina liegen. Die Pilgerfahrt verkürzte sich dadurch gegenüber der traditionellen Karawanenroute drastisch. Sultan Abdülhamid II. als Auftraggeber der »ersten muslimischen Eisenbahn« erhoffte sich eine stärkere politische Integration verschiedener muslimischer Gruppen unter den Osmanen. Die Finanzierung erfolgte über staatliche Gelder sowie Spenden von Gläubigen. Leitender Ingenieur war der Dresdner Heinrich August Meißner, dem der Sultan für seine Verdienste den Paschatitel verlieh.

Im Ersten Weltkrieg wurden in den Zügen Waffen, Soldaten und Propaganda für die deutsch-osmanische Allianz transportiert. Sprengstoffanschläge aufständischer Beduinen töteten viele Passagiere und ließen Zugteile zerstört zurück. In den Jahren 1915/16 war die Bahn auch Transportmittel für die systematischen Deportationen von Armeniern in die Wüste.

Der sanierte Endbahnhof der Hedschasbahn in Medina, wo Muhammad im Jahr 622 die erste muslimische Gemeinde gründete, beherbergt heute ein Museum. In der saudischen Wüste rosten Waggonteile, weiter nördlich stehen noch Borsig-Dampfloks aus Berlin. Nur noch im Sommer fährt ein Direktzug zwischen Bukarest und Istanbul.

Adresse Deutsches Technikmuseum, Trebbiner Straße 9, 10963 Berlin-Kreuzberg | ÖPNV U-Bahn U1, U3, U7, Haltestelle Möckernbrücke; U1, U2, U3, Haltestelle Gleisdreieck | Öffnungszeiten Di–Fr 9–17.30 Uhr, Sa, So und Feiertage 10–18 Uhr | Tipp Hinter dem Technikmuseum liegt der vielseitige Gleisdreieck Park.

53 Der M.A.H.D.I.-e.V.

Muslime aller Herkunft deutscher Identität

Schüler und Studierende gründeten M.A.H.D.I.-e.V. im Jahr 2005 als Jugendselbstorganisation. Die meisten Mitglieder sind muslimisch, aber das ist keine Voraussetzung. Das M im Namen könnte auch für Migranten oder Minderheiten stehen, erzählen die langjährigen Mitglieder Dr. Haouraa und Tutku. Es geht darum, dass deutsche Identitäten komplex und facettenreich sind.

Der gemeinnützige Verein wünscht sich mehr gesellschaftliche Solidarität und Empathie. Mit hohem ehrenamtlichen Einsatz organisieren Mitglieder Veranstaltungen und Diskussionen und zeigen öffentlich: Wir sind da!

Alljährlich würdigen sie junge Menschen aus migrantischen Familien, die das Abitur oder einen akademischen Abschluss erreicht haben, als Vorbilder für nachfolgende Generationen – bisher mehr als 3.000. »Vorbilder Schaffen« fand zuletzt im Babylon in Mitte statt, voll besetzt mit Eltern und Freunden. Wie die Vereinsmitglieder ihr gesellschaftspolitisches Engagement nicht nur, aber auch aus dem Glauben schöpfen, zeigte sich, als sich einige auf der Bühne vorstellten und ein Zitat vortrugen: einen Koranvers, der Eltern ehrt, oder eine Aussage des Propheten zu sozialer Gerechtigkeit. Auch Gäste aus Politik und Gesellschaft ehrte M.A.H.D.I.-e.V. als Vorbilder, wie die Telefonseelsorge »Silbernetz« für ältere Menschen und die »Bildungsinitiative Ferhat Unvar«, gegründet von der Mutter Ferhats, eines der Opfer des rassistischen Attentats in Hanau 2020.

Bis jetzt habe sich leider nicht viel verändert, was Vorurteile und antimuslimischen Rassismus angeht, ziehen Dr. Haouraa und Tutku Bilanz und erwähnen zuerst die Schulen. Noch immer werden deutsch-migrantische Schüler bei bestimmten Ereignissen wie Anschlägen oder Kriegen aufgefordert, sich zu positionieren. Diskriminierung fängt dort an, wo jemand aufgrund eines Identitätsmerkmals in eine Schublade gesteckt und nicht als Individuum gesehen wird.

Adresse Büro im Haus der Begegnung, Morusstraße 18A, 12053 Berlin-Neukölln | **ÖPNV** U-Bahn U7, Haltestelle Karl-Marx-Straße; U8, Haltestelle Leinestraße | **Tipp** Die Thomashöhe und mehrere Friedhöfe um die Ecke bilden eine entspannte Grünanlage, die zum Schlendern einlädt.

54 Der Malik-Verlag

Avantgarde blickt im Café des Westens nach Osten

Die künstlerische Avantgarde war zur Kaiserzeit dem Osten zugetan und nutzte ihn als Arbeitsstrategie. So zum Beispiel Else Lasker-Schüler mit ihrem eigenwilligen Briefroman »Der Malik«. Der Text der jüdischen Dichterin, der gelegentlich islamische Bezüge aufweist – so ist Malik, »König«, einer der 99 schönen Namen Gottes –, wurde ab 1916 in Fortsetzungen in der Zeitschrift »Neue Jugend« abgedruckt. Zu diesem Zeitpunkt gehörte deren Verlag bereits Wieland Herzfelde, seinem Bruder John Heartfield und George Grosz. Der Roman war, entgegen der Aussage gegenüber der deutschen Zensur, eine undurchsichtige Kaisergeschichte, ein kritischer Kommentar auf den Ersten Weltkrieg.

Die Dadaisten hatten im Café des Westens, heute Café Kranzler, beschlossen, Texte und Zeichnungen gegen den Krieg herauszugeben. Sie umgingen das Verbot neuer Verlagsgründungen, als sie 1916 die Lizenz für einen Verlag erwarben, der bereits existierte und besagte Zeitschrift herausgab. Kurz darauf benannten sie ihn in Malik-Verlag um. Die Zensur akzeptierte die Begründung der neuen Verleger, es handele sich beim Malik um einen osmanischen Herrscher und somit Verbündeten des Deutschen Reichs.

Der Verlag existierte knapp 30 Jahre in Berlin und gilt als einer der bedeutendsten deutschen Verlage des vergangenen Jahrhunderts. Neben russischen Autoren wie Maxim Gorki und Alexandra Kolontai wurden Johannes R. Becher und Erich Mühsam verlegt. Der ungewöhnliche Name behinderte den Erfolg nicht, im Gegenteil. Heute sind die Bücher wegen der Schutzumschläge von John Heartfield begehrt. »Wenn ich nicht Peter Panter wäre, wollte ich Buchumschlag im Malik-Verlag sein!«, soll Kurt Tucholsky gesagt haben.

Von 1983 bis 1996 gab es dann den ebenfalls linksorientierten Neuen Malik Verlag in Kiel. Den kaufte Piper in München und veröffentlicht seither unter dem Imprint Malik Verlag Reiseliteratur.

Adresse Kurfürstendamm 22, 10719 Berlin-Charlottenburg | ÖPNV U-Bahn U1, U9 und Bus M19, M29, M46, X10, 109, 110, 204, 249, Haltestelle Kurfürstendamm | Tipp Das Museum für Fotografie liegt in der Jebensstraße.

55 Markarz Al-Hassanein

Aschura als spiritueller Ort der Schiiten

Der Verein Al-Hassanein Zentrum und Schule sitzt in einem gewöhnlichen Mietshaus, hat sich aber mit zahlreichen Videos längst ins Internet erweitert. Der Name bedeutet »die zwei Guten«, gemeint sind Hasan und Husain, Söhne von Ali und Fatima, Enkel des Propheten Muhammad. Für Schiiten sind sie und nachfolgende Söhne die rechtmäßigen Imame.

In der kollektiven spirituellen Erinnerung der Schiiten ist der Monat Muharram mit dem Höhepunkt »Aschura« am zehnten Tag zentral. Mit Gesängen, rhythmischen Handschlägen auf die Brust und Trauerschauspielen erleben Gläubige die Niederlage von Husain und seinen Gefährten in der Schlacht von Kerbela im heutigen Irak nach. Im Jahr 680 unterlagen dort einige Dutzend Anhänger Husains der Armee des umayyadischen Kalifen Yazid. An diesem Erinnerungsort finden die weltweit größten muslimischen Versammlungen statt, 28 Millionen kamen vor der Pandemie, um 40 Tage nach Husains Martyrium gemeinsam zu trauern.

Jedes Jahr begehen auch Schiiten in Berlin die Trauerrituale und schöpfen daraus Kraft. Als Zeit der Reibung mit der Realität beschreibt es Sami Atris, der in Al-Hassanein seit 2012 Jugendarbeit macht. »Aschura« erinnert Gläubige daran, Ungerechtigkeiten wahrzunehmen und im Rahmen der eigenen Möglichkeiten dagegen vorzugehen. Deswegen engagiert sich Al-Hassanein in Bürgerbeteiligungsformaten, beispielsweise für Geflüchtete oder bessere Schulen.

Die Gemeinde versteht sich als Akteur mitten in der Gesellschaft und stellt sich damit in die Tradition Husains, betont der gelernte Ingenieur Sami. Und doch: Trotz jahrelangen Engagements erlebt er immer wieder, dass er nicht als Teil der deutschen Gesellschaft wahrgenommen wird. Ähnliche Erfahrungen machen viele Menschen aus Moscheen. »Unterdrückung und Ungerechtigkeit sind nicht akzeptabel«, fasst der Berliner die schiitische Lehre und den Kompass der Gemeindearbeit zusammen.

Adresse Turmstraße 50, 10551 Berlin-Moabit | **ÖPNV** U-Bahn U9, Haltestelle Turmstraße; Bus M27, 106, 123, Haltestelle Turmstraße/Beusselstraße | **Tipp** Die kommunale Galerie Nord stellt zeitgenössische Kunst aus und liegt schräg gegenüber.

56 Am Marx-Engels-Forum

Unbehagen der Unlesbarkeit

Rechts das Rote Rathaus und der Fernsehturm, links am Spreeufer das wieder errichtete Berliner Schloss mit dem Humboldt Forum und geradeaus die umgestaltete Parkanlage Marx-Engels-Forum. Die Berliner Mitte erzählt sich seit einigen Jahren neu.

Direkt vor unseren Füßen, am Eingang zum Park, mit weißer Farbe auf den Boden aufgetragene Schrift. Informell wie ein Graffito, aber groß und deutlich. Lesbar ist sie nicht für alle, denn es sind arabische Schriftzeichen: ميو. Was dort steht, ist kein vollständiges Wort. Die Grasnarbe an der linken Seite lässt vermuten, dass es hier noch weiterging.

Lautschriftlich könnte es »miau« heißen. Und damit hätte sich jemand einen guten Witz erlaubt. Arabische Schrift wird oft mit dem Islam verbunden. Was richtig ist, denn der Koran wurde auf Arabisch verkündet. Übersehen wird dabei, dass die meisten Muslime weltweit kein Arabisch sprechen sowie dass Christen und Juden im Nahen Osten und Nordafrika sehr wohl Arabisch sprechen, lesen und schreiben. Arabische Schrift kann also auf Verschiedenes deuten. Hier bildet sie nur ein Maunzen ab.

Ein Blick ins Wörterbuch verrät, dass der nicht mehr sichtbare Rest des Wortes نيخ sein muss, »nich«. Die vollständige Bedeutung wäre also ميونيخ [mju:nɪx], der arabische Name für München. Was die bayerische Hauptstadt in der neuen Berliner Mitte zu suchen hat, ist eine berechtigte Frage. Die Künstlerin Lia Sáile stellte im Herbst 2022 zwei Plakatwände auf die Kunstinsel am Münchner Lenbachplatz. Rücken an Rücken stand hier das Wort München, einmal auf Hebräisch und einmal auf Arabisch. Ähnlich dem Graffito, unlesbar für viele Bewohner der Stadt und deshalb irritierend. Sáile setzte in dieser Arbeit mit dem Titel »Stadt der Wörter« auf das, was Unlesbarkeit oft auslöst, nämlich Unbehagen. »Alles Ungewohnte bedingt Offenheit und Auseinandersetzung, um weiterzukommen«, sagte sie einmal über ihre Kunst.

Adresse Rathausstraße, Weg zum Marx-Engels-Forum, 10117 Berlin-Mitte | **ÖPNV** U-Bahn U5 und Bus 200, 300, Haltestelle Rotes Rathaus | **Tipp** Von hier ist es nah zum Museum Nikolaikirche, das die 800-jährige Geschichte von Berlins Mitte erzählt.

57 Die Masjid al-Falah

Indonesisches Weisheits- und Kulturzentrum

Hört man »Indonesien«, hat man womöglich zunächst die Insel Bali mit herrlichen Stränden und holzgeschnitzten hinduistischen Tempeln im Kopf. Die Vorstellungen, die wir uns von anderen Orten machen, folgen oft Regeln, die verborgen bleiben, aber am ehesten mit uns selbst zu tun haben.

Was wichtig ist: Der sehr große Inselstaat in Südostasien erklärte sich 1945 von den Niederlanden unabhängig und zur Republik. In Bandung fand 1955 die gleichnamige Konferenz statt, auf der erstmals ausschließlich asiatische und afrikanische Staatsoberhäupter den postkolonialen Wandel seit dem Zweiten Weltkrieg diskutierten. Indonesien ist der Staat mit den meisten Muslimen weltweit. Circa 230 Millionen, 87 Prozent der Bevölkerung, bekennen sich zum Islam, der sich seit dem 12. Jahrhundert durch intensive Handelsbeziehungen im Indischen Ozean verbreitete.

Mit mehrstöckigen pyramidenförmigen Dächern entstand eine eigenwillige Moscheearchitektur mit Elementen der örtlichen Bauweise. Kuppeln und Minarette gab es zunächst nicht, der Gebetsruf wurde getrommelt. Erst während der holländischen Kolonialzeit veränderte sich der Baustil, indo-islamische Zwiebelkuppeln kamen hinzu, Minarette auch.

In Berlin ist nichts von alldem zu sehen. Die Moschee in einem Eckhaus in Moabit ist außen schnörkellos. Sie hat im Vergleich zu türkisch-, arabisch-, aber auch bosnischsprachigen Gemeinden in der Hauptstadt wenige Mitglieder, hauptsächlich Studierende. Alle Veranstaltungen werden auf der Website auf Indonesisch annonciert. Da die Freitagspredigt aber auf Arabisch gehalten wird, bietet sie eine Glaubensheimat für ganz verschiedene Muslime, zum Beispiel Abdul Bashir, der im saudischen Dschidda aufgewachsen ist. Der arabische Name der Moschee bedeutet »Moschee des Erfolgs« – »Masjid« heißt »ein Ort, an dem man Gott verehrt und für das Gebet mit der Stirn den Boden berührt«, »Falah« heißt Gedeihen, Heil, Erfolg.

Adresse Perleberger Straße 61, 10559 Berlin-Moabit | ÖPNV U-Bahn U9, Haltestelle Turmstraße; Bus M27, 123, Haltestelle Stendaler Straße | Tipp Die sehenswerte tadschikische Botschaft liegt die Straße runter auf derselben Seite.

58 Das Maxim Gorki Theater

Postmigrantisches Theater 2

Das mit 440 Plätzen kleinste der Berliner Staatstheater feierte kürzlich seinen 70. Geburtstag und sich selbst. 1952 war es in der jungen DDR gegründet worden. Heute wird dort kein proletarisches, sondern postmigrantisches Theater gespielt, das die Arbeiter aber nicht aus den Augen verliert. Diese Art Theater zu machen ist mit dem Namen der in Nürnberg aufgewachsenen Shermin Langhoff verbunden, seit sie 2008 das Theater im Ballhaus Naunynstraße neu startete. Heute leitet Langhoff das Gorki mit weitem Blick für die Einwanderungsgesellschaft. Die Message: Migration betrifft am Zielort alle.

Zwischen 1955 und 1973 schloss die alte Bundesrepublik Anwerbeabkommen mit Italien, Spanien, Griechenland, der Türkei und Jugoslawien, woraufhin sich Arbeiter aus diesen Ländern auf Stellen bewerben und einen unbefristeten Aufenthalt in Deutschland erlangen konnten, nicht die Staatsbürgerschaft wohlbemerkt.

Die meisten kamen aus der Türkei. Sie zogen Kinder auf, und viele entschieden sich zu bleiben. Mit ihnen blieben die persönlichen und kollektiven Glaubenspraktiken ihrer Heimat, wobei der Islam in der Türkei im Zuge der Staatsgründung 1923 und der von Atatürk durchgesetzten Modernisierungsmaßnahmen rechtlich als private Angelegenheit betrachtet wurde. Im Parlament und in der Universität war das Tragen von Symbolen, die auf den Glauben eines Individuums hinwiesen, bis vor Kurzem verboten. Die Rigidität des Verbots provozierte immer wieder starke Gegenbewegungen. Postmigration ist auch von diesen Auseinandersetzungen geprägt.

Der Schauspieler und Regisseur Kida Khodr Ramadan wurde mit der Serie »4 Blocks« in der Rolle des Chefs eines Neuköllner Clans berühmt. Auf der Bühne des Gorki wiederum rechnete er in »Berlin feiert Ramadan« (also ihn) an den Weihnachtsabenden 2022 mit der Filmbranche ab. Eine autobiografische, postmigrantische Late Night Show à la Berlin.

Adresse Am Festungsgraben 2, 10117 Berlin-Mitte | ÖPNV U-Bahn U5, Haltestelle Museumsinsel; Bus 100, 300, Haltestelle Staatsoper | Tipp Das Deutsche Historische Museum hat sehr gute wechselnde Ausstellungen.

59 Das Maybachufer

Dienstags und freitags das Beste aus vielen Welten

Der Wochenmarkt am Maybachufer ist über Berlin hinaus bekannt. Im Internet hat ihn jemand als »türkischen Bazar« markiert, doch er ist wesentlich älter als die Zuwanderung aus der Türkei.

Bereits 1883 verkauften Händler hier ihre Lebensmittel. Heute werden Obst und Gemüse lautstark angepriesen, es gibt kulinarische Spezialitäten, Blumen und Schmuck, Fisch und Fleisch, Stoff und Nähbedarf. Alteingesessene Berliner kaufen hier ein, Touristen, Hipster, ältere Frauen mit Hackenporsche.

Je tiefer es ins Viertel reingeht, desto mehr Bio- und Feinkoststände tauchen auf. Doch zuvor macht sich auf der rechten Seite der Stand von Khadija Hassaan mit dem angenehmen Duft von Sandelholz bemerkbar. Gemeinsam mit ihrem Mann betreibt sie seit vier Jahren »Amalika Oriental«, verkauft auf Märkten und Festivals, was sie direkt aus Ägypten importieren: Messing- und Holzwaren, Ringe mit Kalligrafie, Tücher, Ketten, Räucherstäbchen. Darunter sind Gegenstände mit altägyptischen, beduinischen, koptischen und islamischen Formen und Symbolen. Alles ist in Ägypten ausgesucht, kreuz und quer durchs Land, von der Oase Siwa im Nordwesten bis zu den Nubiern in Assuan im Süden. Das Paar unterstützt Handwerker und kleine Werkstätten, denn sie wissen, dass das alltägliche Leben vor Ort immer schwieriger wird. Die Reisen zu Kooperationspartnern liebt Khadija, weil sie nicht nur das Wetter in Ägypten als wärmer empfindet, sondern auch die Menschen.

An dem Markt am Maybachufer übt sie auch Kritik. Für die meisten Verkäufer sei er einfach nur eine Geldmaschine, Berlin sei rauer geworden. Khadija ist eine herzliche, offene Frau, geradeheraus. Neben ihrem Stand steht das Lastenrad des Paars, die Transportkiste vorn ist in einen schweren bunt gemusterten Stoff eingeschlagen – das ist ihre Version von Upcycling, das Beste aus zwei Welten, auf eine sehr berlinerische Art.

Adresse Maybachufer, 12047 Berlin-Neukölln | **ÖPNV** U-Bahn U8, Haltestelle Schönleinstraße; U1, U3, U8, Haltestelle Kottbusser Tor | **Öffnungszeiten** Di und Fr 11 – 18.30 Uhr | **Tipp** Der Zora Supermarkt am Kottbusser Damm führt in indische Geruchs- und Geschmackswelten.

60 Die Mekkanische Rose

Handgemachte natürliche Düfte seit 1982

Die Parfümerie ganz in der Nähe des Kurfürstendamms ist einzigartig in Berlin. Hier werden nur natürliche Düfte ohne synthetische Zusatzstoffe hergestellt. Entsprechend hochpreisig sind die Produkte. Viele der Namen auf den schlicht gestalteten Flakons verweisen auf eine Verbindung zur arabischen Sprache: Amal – Hoffnung, Khalil – Freund oder El Fenn – die Kunst.

Duft sei das wunderbarste Medium für die Vermittlung der göttlichen Botschaft, sagt der Inhaber des Ladens, Rolf Nissen, der dem Sufi-Orden der Burhaniya angehört. Er könne heilend, kräftigend oder sinnlich wirken. Der Prophet Muhammad habe Parfüm geliebt und viele Aussagen über die Heilwirkung von Düften gemacht. So stärke Jasmin als König der Düfte das eigene Zutrauen. Die Rose fördere die Hingabe. Warda, wie die stolze Blume auf Arabisch heißt, wird als Essenz, Parfüm, Öl und zum Verfeinern von Speisen eingesetzt.

Nissen und seine Frau stellen die hochwertigen Parfüms seit 40 Jahren selbst her. Lange Jahre bezogen sie das Rosenöl aus Marokko, seit der Wende und dem Ende sozialistischen Wirtschaftens ist Bulgarien ebenfalls wieder ein guter Produzent von hochwertigen Rosenprodukten.

Das helle Geschäft lädt zum Verweilen ein. In die Decke ist eine Kuppel eingelassen, was dem Raum die Aura eines Schreins verleiht. Ein Mekka der Düfte, wie es in der ausliegenden Broschüre heißt. Rosenduft spielt im Islam eine besondere Rolle. Dem Sufi gilt die Rose als Ausdruck der Vollkommenheit. So erklärt sich auch der Name des Ladens. Im Regal links vom Eingang finden sich Bücher über Sufismus sowie zu Aromatherapie. An den Wänden hängen Fotografien der drei wichtigsten Scheichs des aus dem Sudan stammenden Burhaniya-Ordens. Die beiden Nissen-Brüder begegneten auf ihren Reisen in den 1970er Jahren Muhammad Uthman Abdu al-Burhani in Khartum persönlich, der dem Orden zu neuer Kraft verhalf.

Adresse Leibnizstraße 47, 10629 Berlin-Charlottenburg | ÖPNV S-Bahn S3, S5, S7, S9, Haltestelle Savignyplatz; Bus 101, Haltestelle Mommsenstraße | Öffnungszeiten Mo–Fr 10–19 Uhr, Sa 10–14 Uhr | Tipp Am Ku'damm gibt es das Cinema Paris für Liebhaber französischer Filme im Original.

61 Die Mevlana-Moschee

Eine neue Generation, die Kreuzberg gut kennt

Hinter einer Toreinfahrt strahlt im großen Hof eine jüngst renovierte Moschee. Minarett und Kuppel im osmanischen Stil sind von der Straße aus kaum zu sehen. Die Vorsitzende der Frauenjugend der Gemeinde ist hier quasi aufgewachsen. Selbstbewusst erzählt sie ihre Geschichte, während sie an Bücher- und Imbissständen vorbei durch die einzelnen Gebäude führt. Nicht nur am Tag der offenen Moschee (TOM), an dem sich seit 1997 am 3. Oktober in Berlin die Moscheetüren weit öffnen, kann man hier Führungen buchen. Aber zum TOM ist es besonders voll.

Die türkischsprachige Mevlana-Moschee wurde 1976 gegründet, seit den 1990er Jahren widmet man sich neben Freitagsgebet und Bildung verstärkt auch der Öffentlichkeitsarbeit. Dies sei nötig, um Transparenz herzustellen. Immerhin leben in Berlin Menschen aus mehr als 150 Ländern, sagt die angehende Erzieherin. Ihr Kerngedanke: vorurteilsbewusster Umgang, nicht frei von Unterschieden, sondern für sie sensibel.

Ihre Moschee gehört zur Islamischen Föderation Berlin (IFB), einem von fünf Dachverbänden auf Landesebene. Die IFB ist zum Beispiel seit 1999 für den Islamischen Religionsunterricht an Grundschulen gemäß Berliner Schulgesetz zuständig.

Die IFB gehört wiederum dem Islamrat für die Bundesrepublik Deutschland an, dem älteren der beiden deutschen Spitzenverbände. Der andere ist der Zentralrat der Muslime in Deutschland. Insgesamt gibt es sieben Dach- und zwei Spitzenverbände auf Bundesebene. Anders als die Kirchen sind muslimische Gemeinden hierzulande meist als Vereine organisiert, und circa 65 Prozent gehören zu einem bundesweiten islamischen Spitzen- beziehungsweise Dachverband. Seit den 2000er Jahren sucht der deutsche Staat Ansprechpartner. Deshalb gibt es seit 2007 nochmals übergeordnet den Koordinationsrat der Muslime, der auch bundesweit den TOM organisiert, und seit 2018 das Islamische Kompetenzzentrum für Wohlfahrtswesen.

Adresse Skalitzer Straße 131/132, 10999 Berlin-Kreuzberg | ÖPNV U-Bahn U1, U3, U8, Haltestelle Kottbusser Tor; Bus M29, Haltestelle Rio-Reiser-Platz | Tipp Die türkisch-deutschsprachige Familienbibliothek Wilhelm Liebknecht/Namik Kemal liegt um die Ecke.

62 Der Mittelhof

Das Leibniz-Zentrum Moderner Orient (ZMO)

Das 1918 fertiggestellte, unter Denkmalschutz stehende Muthesius-Landhaus in Nikolassee, Mittelhof genannt, ist schlicht und imposant gleichermaßen. Ein langer mit Birken gesäumter Weg führt auf den Torbogen zu, in den großen Innenhof hinein, der ganz vom zweistöckigen Gebäude umschlossen wird. In Auftrag gegeben hatte das herrschaftliche Haus der Unternehmer Wilhelm Mertens (1862–1936). Es sollte dem Architekten Muthesius zufolge auf Mertens' Wunsch wie »die in den Kolonialländern gebauten Häuser der europäischen Ansiedler (...) weiträumig angelegt und in jeder Beziehung aufs bequemste eingerichtet werden«. Er hatte unter anderem in den damaligen deutschen Kolonien Kamerun und Ostafrika Plantagen für Kokos, Kautschuk und Kakao mitgegründet und war dadurch reich geworden.

Just in diesem Gebäude werden seit 1997 mit einem internationalen Team Regionen in Afrika, dem Nahen Osten, Eurasien sowie Süd- und Südostasien in vergleichender Perspektive erforscht. Vornehmlich Gebiete, die im 19. und 20. Jahrhundert von englischer, französischer und deutscher Ausbeutung und Kolonialisierung betroffen waren. Ein Fokus liegt dabei auf der interdisziplinären Erforschung muslimisch geprägter Gesellschaften. Hier wird innovative historisch und anthropologisch ausgerichtete Forschung betrieben – im Gegensatz zu einer theologisch oder sprachwissenschaftlich zentrierten.

Prägend für das ZMO ist seine Vorgeschichte. 1992 wurde der Forschungsschwerpunkt »Moderner Orient« in einem Plattenbau in Pankow gegründet. Inhaltlich ging er aus den Regionalwissenschaften der Akademie der Wissenschaften der DDR hervor. Von diesen bewahrte das ZMO die geografische Ausrichtung: Afrika, Nahost und Asien. Namentlich knüpfte der Forschungsschwerpunkt an das alte Ost-Berliner Institut für Orientforschung (1947–1969) der Akademie an, ungeachtet dessen, dass der Begriff »Orient« inzwischen umstritten war.

Adresse Kirchweg 33, 14129 Berlin-Nikolassee | ÖPNV S-Bahn S1, Haltestelle Nikolassee; Bus 118, Haltestelle Waldhaus-Klinik | Tipp Im nahe gelegenen Schlachtensee kann man schwimmen.

63 Die Modeboutique

Edles Tuch am Kottbusser Damm

In vielen Läden, Kaufhäusern und Märkten in Berlin kann man unter anderem Kopftücher kaufen. Die kleine verspiegelte Boutique Meryemce Eşarp (»Meryems Kopftuch«) widmet sich ausschließlich dem Tuch, in dritter Generation. Hasans Großvater verkaufte einst selbst genähte Ware auf dem Markt am Maybachufer. Seine Mutter Meryem gründete 1997 den Laden, und seit einigen Jahren teilt sich Hasan mit seiner Schwester das Geschäft. Mehrmals im Jahr fährt er nach Istanbul und Bursa, um die Tücher aus Seide, Viskose und Baumwolle direkt beim Hersteller einzukaufen.

Hasan zögert zunächst, seine Geschichte zu erzählen. Zu oft hat er schlechte Erfahrungen mit Journalisten gemacht, die seine Worte aus dem Zusammenhang gerissen und keinen Versuch unternommen hatten, seiner Perspektive zu folgen. Tatsächlich verlieren viele beim Thema »Kopftuch« regelrecht den Kopf. Als Projektionsfläche muss es vieles tragen: Terrorismusverdacht, falsche Werte, Unterdrückung der Frau, Untergang des Abendlandes. Die Trägerinnen selbst kamen lange Zeit selten zu Wort. Höchstens vor Gericht, wenn sie verteidigten, ihren Beruf als Lehrerinnen mit Kopftuch ausüben zu wollen – dies müsse hierzulande im Sinne des Rechts auf freie Religionsausübung doch möglich sein? Mittlerweile ist es das in den meisten Bundesländern, in Berlin seit 2023. Dass die staatliche Neutralität dadurch in Gefahr gerate, sehen Gerichte nicht mehr so.

Heute gibt es viele selbstbewusste Stimmen von Frauen mit Kopftuch im öffentlichen Raum, aber auch lautstarke Kritik von Musliminnen, die sich dagegen wehren, diese Kopfbedeckung tragen zu müssen. Unterdessen geben sich verschiedene Generationen von Frauen modisch den vielen Formen, Längen und Farben des Kleidungsstücks hin. Ob es ein Problem sei, dass Hasan als Mann Kopftücher verkauft? Kaum. Die meisten Kundinnen kommen seit Jahren, mit manchen sei er aufgewachsen. Man kennt sich.

Adresse Kottbusser Damm 10, 10967 Berlin-Kreuzberg | **ÖPNV** U-Bahn U8, Haltestelle Schönleinstraße | **Tipp** Auf der gleichen Straßenseite in Richtung Kottbusser Tor gibt es im »Dilan« sehr leckeres Brot.

64 Die Moschee Omar Ibn Al-Khattab

Ein sozialer Ort für Alltage und Festtage

Sie überqueren die Wiener Straße festlich gekleidet, Frauen und Mädchen in türkisfarbenen Kleidern mit gelben Baummustern, die geflochtenen Haare zum vollen Zopf gebunden. Die Männer in weiten Stoffhosen, mit langen Hemden, in Weiß oder Mintgrün, dazu bunte runde Hüte. Es ist Freitagmorgen, und Muslime strömen zum Zuckerfest in die 2010 eröffnete Omar-Ibn-Al-Khattab-Moschee.

Die elektronische Anzeige am Eingang zeigt den Namen der Moschee, die nach dem zweiten Kalifen in der Nachfolge des Propheten Muhammad benannt ist, abwechselnd auf Arabisch, Deutsch und Türkisch. Die Moschee dient dem gemeinsamen Gebet am Freitag, darüber hinaus ist sie ein sozialer Ort für Alltägliches und Außeralltägliches. Entsprechend gibt es einen Bäcker, ein Café und einen Friseursalon. Hochzeiten, Namensfeste und Konversionsfeiern finden hier statt. Auch der Prophetengeburtstag, »maulid an-nabi« oder »mevlid kandil«, wird jedes Jahr gemeinsam zelebriert. Vielerorts weltweit ist er ein Fest mit Tanz, Rezitationen, Feuerwerk und Volksküche.

Moscheen sind Begegnungsorte, an denen man ein Stück Heimat findet oder erfindet. Ein wichtiger Gedanke vor dem Hintergrund etlicher geflüchteter Menschen in Berlin. Dies dachte auch Muqaddam Masoud Hassan, als er sich die erste afrikanische Moschee der Stadt vorstellte. Nach Beginn des libyschen Bürgerkriegs 2011 saßen viele Arbeiter aus Westafrika in Libyen fest und konnten sich nur übers Mittelmeer in Sicherheit bringen. Hassan wollte mit ihnen einen vertrauten sozialen Ort in Berlin schaffen. Nicht überall war er mit seiner Initiative willkommen, in der Moschee in der Wiener Straße schon. Mittlerweile hat Hassan seinen Traum wahr gemacht und die Masjid al-Aqsa in Neukölln gegründet.

Adresse Wiener Straße 1–6, 10999 Berlin-Kreuzberg | ÖPNV U-Bahn U1, U3 und Bus M29, Haltestelle Görlitzer Bahnhof | Tipp Das Restaurant Baraka am Lausitzer Platz serviert gute Molochia, eine spinatähnliche Suppe.

65_Multaka

Treffpunkt Museum für Islamische Kunst

Multaka ist ein ungewöhnliches Projekt. Sein Ausgangspunkt war eine Initiative zur Dokumentation und Erhaltung syrischen Kulturerbes, die der Direktor des Museums für Islamische Kunst Stefan Weber 2015 startete. »Multaka«, arabisch für Treffpunkt, bildet Geflüchtete mit arabischen und persischen Sprachkenntnissen zu Museumsführern aus und bietet dann Führungen auf Arabisch, Deutsch, Englisch und Persisch an. Das Projekt ermöglicht damit die Begegnung mit Exponaten im Vorderasiatischen Museum, im Bode-Museum, im Deutschen Historischen Museum und im Museum für Islamische Kunst aus einer besonderen Perspektive.

Viele der im Museum für Islamische Kunst ausgestellten Gegenstände und Bauelemente kommen aus Ländern, aus denen die jungen Museumsführer geflüchtet sind. Somit können Fragen wie die nach der Herkunft der Objekte, den Umständen ihrer Reise nach Berlin, den heutigen Eigentumsverhältnissen sowie zu Verhandlungen über mögliche Rückführungen mit den Menschen besprochen werden, die diese Fragen auch aufgrund ihrer Herkunft etwas angehen. Ganz nebenbei ist ein Austausch über gelebte Erfahrungen in Syrien, im Irak oder andernorts in der Region möglich. Die Guides wiederum erkunden das deutsche Selbstverständnis und den hiesigen Umgang mit Erinnerungskultur und Geschichte.

Außerordentlich praktisch sind darüber hinaus deren Sprachkenntnisse. Sie können die arabische Schriftkunst lesen und erklären, was es mit den Inhalten auf sich hat. So zum Beispiel bei der hellblauen viereckigen Wandfliese vom Türrahmen eines Mausoleums aus der usbekischen Stadt Samarkand aus dem 14. Jahrhundert. Jeweils gegenüberliegend zeichnen zwei fast identische Linien aus kleinen dunkelblauen und gelben Steinen jeweils ein Viereck: einfache Geometrie für das ungeübte Auge, der Name des Propheten Muhammad in quadratischer Kufi-Schrift für den kundigen Blick.

Adresse Geschwister-Scholl-Straße 6, 10117 Berlin-Mitte | **ÖPNV** U-Bahn U5 und Bus 100, 300, Haltestelle Museumsinsel | **Öffnungszeiten** Führung nach Anmeldung unter www.multaka.de | **Tipp** Gehen Sie in die Tadshikische Teestube, aber reservieren Sie vorher.

66 Das Museum für Islamische Kunst

Geometrie als Prinzip

Ob in Südspanien, auf der Arabischen Halbinsel, in Zentralasien oder Indonesien – die Formensprache islamisch geprägter Gesellschaften begegnet einem unverkennbar und doch in vielen verschiedenen Ausprägungen. Geometrie und Kalligrafie stellen entscheidende Elemente dar. Als Architektur und Kunst am Bau, auf Teppichen, Keramiken, Wandfliesen sowie Arbeiten mit Holz, Glas, Elfenbein, Gold, Silber und Kupfer.

In der Lesart mancher Philosophen will islamische Ästhetik nicht vordergründig die Schönheit der Welt feiern, sondern die Existenz Gottes demonstrieren, denn: Gott ist schön. Alles kommt von Gott und läuft auf ihn hinaus. In jedem Detail zeigt sich das Ganze, die Einheit Gottes. Aus wenigen Elementen wie Punkt, Kreis, überlappenden Kreisen, sich ineinanderfaltenden Drei- und Vierecken und den von ihnen ausgehenden geometrischen und floralen Formen wird dieses Prinzip immer neu umgesetzt.

Beispielsweise auf Teppichen. Mit Teppichen fing zur Kaiserzeit die museale Sammlung islamischer Kunst an, als der Kunsthistoriker Wilhelm von Bode in das von ihm konzipierte und 1904 eröffnete Kaiser-Friedrich-Museum (heute Bode-Museum) eine Islamische Abteilung einbezog, samt seiner eigenen Teppichsammlung. Das Museum beherbergt heute eine der umfassendsten der Welt, die ein weites geografisches Spektrum abdeckt.

Ein weiteres imposantes Beispiel stellt die fein ornamentierte Fassade des Mschattapalastes spätantiker und frühislamischer Zeit aus dem heutigen Jordanien dar. Eine gewaltige Schenkung des osmanischen Sultans an den deutschen Kaiser. Bode, der von 1905 bis 1920 Generaldirektor der Staatlichen Museen zu Berlin war, hatte den Eisenbahntransport des tonnenschweren Geschenks 1903 emsig begleitet. Ein Coup für das Berliner Museum und Bodes Karriere.

Adresse Geschwister-Scholl-Straße 6, 10117 Berlin-Mitte | **ÖPNV** U-Bahn U5 und Bus 100, 300, Haltestelle Museumsinsel | **Öffnungszeiten** Di–So 10–18 Uhr; bald wird das Museum umgebaut, Wiedereröffnung geplant für das Jahr 2027 | **Tipp** Das Bode-Museum nebenan beherbergt unter anderem das Museum für Byzantinische Kunst.

67_Das Museum Neukölln

Der Islam und der Pfirsichkern

Die Dauerausstellung »99 x Neukölln« erzählt entlang unterschiedlicher Gegenstände von dem facettenreichen Bezirk. Nur wenige der 99 Objekte sind mit muslimischem Leben verbunden, dabei ist der nördliche Teil Neuköllns von Zugewanderten aus dem östlichen Mittelmeerraum geprägt.

In einem Schaukasten hängt ein filigranes rotes Tanztuch, wie es auf türkischen Hochzeiten zum Einsatz kommt. Auch eine Zurna ist ausgestellt, ein Blasinstrument, das auf Hochzeiten, Beschneidungsfeiern und dem kurdischen Neujahrsfest Nouruz gespielt wird. Der einzige Gegenstand, den das Museum selbst direkt mit dem Islam in Verbindung setzt, ist ein zunächst unscheinbarer Pfirsichkern. Wer genauer hinschaut, sieht, dass etwas hineingeschnitzt wurde: Friedenstauben auf einer, zwei Blumen auf der anderen Seite. Fadil Al Saokal fertigte das Amulett Ende der 1980er Jahre in einem syrischen Gefängnis an, wo er unter schwersten Bedingungen als politischer Häftling lebte. Laut Begleittext verweisen die Blumen als islamisches Motiv auf die Erzählung von einem weinenden Stein, dessen Tränen an trostlosen Orten Blumen blühen lassen. Die Interpretation reicht weit. Herkömmlich symbolisieren Blumen in der islamischen Kunst und Poesie Schönheit, Natur und die Vergänglichkeit des Lebens. Wieso die Blumen auf dem Kern aber überhaupt ein islamisches Motiv sein sollen, bleibt ein Museumsgeheimnis.

Wie dem auch sei, der Pfirsichkern ist für das Museum ein Anlass zum Erzählen: über die politische Situation in Syrien, das Leben der Al Saokals und Änderungen im deutschen und europäischen Asylrecht. Als Fadils Bruder Zakaria 1990 aus dem Libanon nach Berlin flüchtete, nahm er den Kern mit ins Exil. Die Brüder waren ab den 1970er Jahren in der oppositionellen Syrischen Kommunistischen Arbeiterpartei aktiv, bis zur Verhaftung Fadils und der Flucht Zakarias mit seiner Familie. Fadil kam 1999 frei.

Adresse Alt-Britz 81, 12359 Berlin-Neukölln | ÖPNV Bus M44, M46, Haltestelle Fulhamer Allee | Öffnungszeiten täglich 10–18 Uhr | Tipp Sie befinden sich bereits auf dem Gelände des Schlossparks Britz mit Rosengarten und Spielplatz.

68 Das Museum Treptow

Kolonialausstellung vom Kopf auf die Füße gestellt

Die neue Ausstellung »zurückgeschaut« ist die erste Dauerausstellung zu Kolonialismus, Rassismus und Schwarzem Widerstand in einem Berliner Museum überhaupt. Bis ins visuelle Design hinein thematisiert sie kritisch die Berliner Gewerbeausstellung von 1896, insbesondere deren »Erste Deutsche Kolonialausstellung«.

»zurückgeschaut« möchte Unsichtbares erfahrbar machen und Sichtbares irritieren – was durchweg gelingt, angefangen bei den grafischen Störungen von Texten und Bildern. Der Hauptraum ist denjenigen 106 Menschen aus deutschen Kolonien gewidmet, die selbst Teil der »Kolonialausstellung« im Treptower Park waren. Jede einzelne Lebensgeschichte wird so weit nachgezeichnet, wie die Informationen reichen, manchmal ist das lediglich ein Name mit unklarer Schreibweise. Viele der Menschen schauen aus Porträts an den Wänden zurück. Ihre Fotos wurden im Kontext diskriminierender Körpervermessungen angefertigt. Hier sind sie koloriert und vor schwarzem Hintergrund freigestellt, um die Individualität der Dargestellten zu unterstreichen und sie als Akteure hervortreten zu lassen.

Einige Namen lassen auf einen muslimischen Hintergrund schließen. Von dem Weber Salim bin Faraja, einem Suaheli aus dem heutigen Tansania, zeugt kein Foto, aber eine Geschichte: Er wird 1896 krank und stirbt in der Charité. Ein Zeitungsbericht erzählt, sein Sarg sei bei der Bestattung in Richtung Mekka ausgerichtet worden. Bevor er auf dem Islamischen Friedhof am heutigen Columbiadamm beerdigt wurde, waren vermutlich Körperteile von seiner Leiche für Berliner »wissenschaftliche Sammlungen« abgetrennt worden.

Über sieben Millionen Menschen besuchten im Jahr 1896 die Gewerbeausstellung. Die heutige Antwort, die das Museum Treptow zusammen mit dem zivilgesellschaftlichen Projekt »Dekoloniale Erinnerungskultur in der Stadt« gefunden hat, sollte mindestens so viele erreichen.

Adresse Sterndamm 102, 12487 Berlin-Johannisthal | **ÖPNV** Bus M11, 160, Haltestelle Johannisthal Kirche | **Öffnungszeiten** Mo und Do 10–18 Uhr, Di 10–16 Uhr, So 14–18 Uhr | **Tipp** Spazieren Sie im nahe gelegenen Naturschutzgebiet rund um das Wasserwerk Johannisthal.

69_Die Muslimische Seelsorge

Eine Seele begreifen und versorgen

Ein Blick auf die JVA ist ein guter Anlass, um über den Zusammenhang von Sorge und Schuld nachzudenken. Die Gründe, warum eine Person straffällig wird, sind vielfältig. Ein bestimmtes soziales Milieu muss nicht, ist aber häufig eine Ursache. Gabriele Tergits Gerichtsreportagen für Berliner Zeitungen in der Weimarer Republik verdeutlichen diesen Aspekt brillant. Abseits der Umstände und Gründe für ihr Handeln ist völlig klar: Die Inhaftierten brauchen Aufmerksamkeit und Betreuung.

Hier setzt auch die Seelsorge in Gefängnissen an. Fünf Jahre lang hat Mohammad Imran Sagir Menschen in der Justizvollzugsanstalt Plötzensee besucht, heute arbeitet er in einem Gefängnis in Brandenburg. Mit Gleichgesinnten gründete er 2012 die Arbeitsgemeinschaft Muslimische Gefängnisseelsorge, die als Dachverband verschiedener Vereine fungiert. Ihre Arbeit basiert auf dem Gedanken, die seelische Situation der Gefangenen zu verstehen und sich um sie zu kümmern. Was sind die Aufgaben? Imame mit theologischer Ausbildung bieten Gruppen- und Einzelgespräche an, kommen zu Feiertagen und zum Freitagsgebet in die Gefängnisse. Der Senat unterstützt diese Arbeit erst seit Kurzem. 2015 wurde der Berliner Beirat für die religiöse Betreuung muslimischer Inhaftierter gegründet, der aus Vertretern islamischer Verbände, der Wissenschaft, der Senatsverwaltung und der Justizvollzugsanstalten besteht. Sie beraten über das Vorgehen sowie die Auswahl der Imame. Zudem werden Ausbildungskurse finanziert, in denen historisches, pädagogisches, juristisches und psychologisches Wissen vermittelt wird. Herr Sagir gehört zu den Dozenten, darüber hinaus sprechen beispielsweise ehemalige Inhaftierte.

Hauptberuflich arbeitet er beim 2009 gegründeten anonymen Muslimischen Seelsorgetelefon, das von Islamic Relief Deutschland betrieben wird. Eine wichtige Initiative, die Menschen aufzufangen hilft.

Adresse JVA Plötzensee, Friedrich-Olbricht-Damm 16, 13627 Berlin-Mitte | ÖPNV S-Bahn S41, S42, S45 und Bus 106, 123, Haltestelle Beusselstraße | Tipp Die Gedenkstätte Plötzensee erinnert seit 1952 an die Opfer des Nationalsozialismus im Strafgefängnis Berlin-Plötzensee.

70_Die Neue Synagoge

Kuppeln und Ornamente leuchten andalusisch

Ausgerechnet eine Synagoge erzählt vom Islam? Das erscheint nur deshalb seltsam, oder gar unverschämt, weil gewöhnlich vom jüdisch-christlichen Abendland gesprochen und der Islam außen vor gelassen wird. Eduard Knoblauch entwarf die Synagoge im maurischen Stil, inspiriert von der Alhambra im heute spanischen Granada, das ab dem 8. Jahrhundert unter muslimischer Herrschaft zu einem Zentrum muslimischer und jüdischer Gelehrsamkeit wurde.

Zur Zeit des Synagogenbaus entwickelte sich in Deutschland rasant das Fach der Orientalistik. Etliche deutsch-jüdische Forscher trieben vergleichende Theologie und Sprachwissenschaft so fasziniert voran, dass die Judaistin Susannah Heschel von einem »jüdischen Islam« spricht. Der Rabbiner Abraham Geiger setzte 1833 mit »Was hat Mohammed aus dem Judenthume aufgenommen?« eine moderne europäische Auseinandersetzung mit dem Islam in Gang. Gelehrte suchten nach Gemeinsamkeiten zwischen Islam und Judentum, während ihnen die christliche Dogmenlehre als Hindernis für Wissenschaft und religiöse Modernisierung galt.

Das erinnert stark an kulturelle und wissenschaftliche Auseinandersetzungen im islamischen Andalusien (711–1492). In der Übernahme andalusischer Formensprache im 19. und 20. Jahrhundert hallt diese Ära in Europa nach, zum Beispiel hier in der Neuen Synagoge. »Ein märchenhaftes Bauwerk inmitten eines recht nüchternen Stadtteils«, urteilte die Presse zur Einweihung am jüdischen Neujahrsfest 1866.

Im Zweiten Weltkrieg wurde die Synagoge schwer beschädigt. Nach Kriegsende gründeten die wenigen überlebenden Berliner Juden eine neue Gemeinde im Verwaltungsgebäude nebenan. Die Neue Synagoge ist das bedeutendste architektonische Zeugnis jüdischen Lebens in Berlin. Natürlich mahnt sie an die brutale deutsche Geschichte des 20. Jahrhunderts. Sie zeugt aber auch von einer jüdisch-muslimischen Nähe, die es in Berlin vor 1933 gab.

Adresse Oranienburger Straße 28–30, 10117 Berlin-Mitte | **ÖPNV** S-Bahn S1, S2, S25, S26, Tram M1, M5, 12, Bus M1, Haltestelle Oranienburger Straße | **Öffnungszeiten** So–Fr 10–18 Uhr | **Tipp** »Caffetteria« heißt das Café mit Buchhandlung und Kulturveranstaltungen in der Tucholskystraße.

71 Der Orient Art Barbershop

Zügig verschönern

Was ist das für ein Wort, Barber? *Barba*, lateinisch für Bart, führte zu *barbarius*, dem Bartscherer, und schließlich zu Barbier, englisch *barber*. Kopfhaarentfernung war christlichen Mönchen seit dem vierten Konzil von Toledo 633 vorgeschrieben. Zuerst zogen Friseure von Kloster zu Kloster. Dann waren Barbiere, die im Badehaus arbeiteten, auch Zähne zogen und Aderlasse durchführten, in Zünften organisiert. Später gehörte der Beruf zu den anerkannten Handwerken. In anderen Traditionen, etwa dem orthodoxen Judentum, ist es untersagt, das Kopfhaar zu scheren. Im frühen Islam galt für Männer ein Mittelweg: Der Prophet Muhammad soll empfohlen haben, den Schnurrbart zu kürzen und den Bart wachsen zu lassen.

Heute gibt es gefühlt an jeder Ecke Berlins einen Barbershop. Dort kümmert man sich kunstvoll um männliches Haupt-, Bart-, Nasen-, Ohr- und Nackenhaar sowie die Augenbrauen. So auch im »Orient Art«. Und wieso dieser Name? Avraz Badia wollte eine Tradition fortführen, die er aus der Heimat seiner Eltern, dem Nordirak, kennt und liebt. »Orient« stehe bei den Kunden für eine preiswerte, schnelle Rasur und gute Gesichtspflege. Bei Tee oder Kaffee redet man zudem über die Nachbarschaft, Politik und Persönliches. Der Unterschied zum klassischen Herrenfriseur? »Dort will man möglichst schnell wieder raus. Hier möchte man bleiben.« Nach seiner Ausbildung hatte Badia jahrelang nur Frauen frisiert, bevor er 2010 seinen Laden eröffnete. Seit 2018 gehört ihm auch Hair Art Design zwei Häuser weiter, ein Laden für alle Geschlechter.

Als *barbar* wurde im Altgriechischen bezeichnet, wer kein Griechisch sprach. Ins Lateinische als *barbaricus* übernommen, zieht sich das Wort als Schlüsselbegriff durch die europäische Geschichte und diente stets der Abgrenzung zu vermeintlich weniger zivilisierten Kulturen. Der Barber jedoch denkt nicht so eng, er macht alle schön.

Adresse Brückenstraße 1C, 10179 Berlin-Mitte | ÖPNV U-Bahn U8 und Bus 165, 265, Haltestelle Heinrich-Heine-Straße | Tipp Für ein Glas Bier, Wein oder Limo gehen Sie in die »Republik Berlin« nebenan.

72 Der Orientalisch-Islamische Garten

Neben Plattenbauten ein Stück vom Paradies

Dieser betörende Ort wurde 2005 eröffnet, als vierter von bisher elf Themengärten, deren jüngster der jüdische ist. Damit sind alle drei großen monotheistischen Traditionen vertreten. Tatsächlich hatte der an Klostergärten angelehnte Christliche Garten eine Diskussion darüber ausgelöst, ob Gartentraditionen einer Religion zugeordnet werden sollten. Der Garten blieb christlich, und dem Orientalischen Garten gesellte sich 2022 ein »Islamisch« hinzu. Seitdem weckt der Name nicht nur 1001-Nacht-Phantasien, sondern steht auch selbstbewusst in einer islamischen Tradition.

Der Garten repräsentiert keine Nation, wie der koreanische, englische oder japanische nebenan. Ganz im Sinne einer gemeinsamen islamischen Kultur hat der Landschaftsarchitekt Kamel Louafi Gestaltungselemente von Marokko bis Indien integriert. Der von Wasserläufen viergeteilte Gartenhof hat persisch-indische Vorbilder, die Fliesen und Mosaike sind mit ihren Mustern typisch marokkanisch. Die Kalligrafien zitieren Liebes- und Naturgedichte von Abu Tammam, einem zum Islam konvertierten Christen aus dem 9. Jahrhundert, und Ahmed Shawqi, einem modernen ägyptischen Dichter.

Das Paradies gilt im Islam als der ideale Garten. Historisch inspirierten sich ausführliche Paradiesschilderungen im Koran und traditionelle regionale Gartenkultur gegenseitig. Die arabische Sprache kennt viele Wörter für Garten. Eines davon, »bustan«, kommt aus dem Persischen und bedeutet »Ort des Dufts«. Im Marzahner Paradies auf Erden verströmen Lavendel, Jasmin, Rosen, Zedernholz und Zitronenbäume Wohlgeruch. Visuell besticht der Garten durch klare Geometrien und Proportionen. Er bietet Schatten, Windschutz und Wasserkühlung. Was in heißen, trockenen Gebieten entstand, ist in Zeiten des Klimawandels auch im Berliner Sommer eine Wohltat.

Adresse Blumberger Damm 44, 12685 Berlin-Marzahn | ÖPNV Bus X69, Haltestelle Blumberger Damm/Gärten der Welt; U-Bahn U5, Haltestelle Kienberg/Gärten der Welt, dann Seilbahn | Öffnungszeiten täglich 9–16/18/19 Uhr, je nach Jahreszeit | Tipp Den Hin- oder Rückweg sollten Sie mit der Seilbahn über den Kienberg machen und im Wolkenhaus aussteigen.

73 Die Osmanische Botschaft

Wachsende Annäherung über 300 Jahre

Bevor sich die deutsch-osmanischen Beziehungen 1871 intensivierten, gab es bereits länger diplomatische Verbindungen zwischen dem Osmanischen Reich und dem Königreich Preußen. Der erste Gesandte kam 1701 anlässlich der Krönung Friedrichs I. zum König in Preußen zu Besuch nach Königsberg. Gut 60 Jahre später war Ahmed Ibrahim Resmi erster Botschafter am Hof des preußischen Königs Friedrich des Großen. Als zweiter Botschafter handelte Ahmed Asmi Efendi das osmanisch-preußische Militärbündnis von 1790 aus. Der dritte ständige Diplomat in Berlin, Ali Aziz Efendi, starb 1798 und wurde als erster Muslim vor Ort nach islamischem Ritus beigesetzt. Sein Grabstein steht heute auf dem Islamischen Friedhof der Şehitlik-Moschee.

Danach gab es ohne Unterbrechung osmanische Boschafter in Berlin. Ein bekannter unter ihnen ist Alexander Karatheodori, griechischer Abstammung und Christ. Während der Gründung des Deutschen Reichs war er Botschafter und kehrte als Verhandlungsführer der osmanischen Delegation zum Berliner Kongress 1878 in die Stadt zurück.

Osmanische Diplomaten hatten ihren Wohn- und Arbeitsort zeitweise im Zentrum des alten Cölln, später Berlin-Cölln, im Geschäftshaus Splitgerber in der Gertraudenstraße. Das Haus trug den Namen des Bankiers, Fabrikanten und Handelskaufmanns mit engen Verbindungen zum Hof, der 1764 als reichster Mann Preußens starb.

Später erwarb das Osmanische Reich ein Grundstück in der Tiergartenstraße und errichtete dort eine Botschaft. Nachdem das Gebäude im Zweiten Weltkrieg zerstört worden war, steht heute an gleicher Stelle im Berliner Diplomatenviertel das größte türkische Botschaftsgebäude der Welt. Von den Architekten um Volkmar Nickol in Berlin entworfen, erinnert der Kalkstein der Fassade an Anatolien, passt aber auch perfekt zur deutschen Hauptstadt, meinte der türkische Botschafter bei der Eröffnung 2012.

Adresse Tiergartenstraße 19/21, 10785 Berlin-Tiergarten | ÖPNV U-Bahn U2 und S-Bahn S1, S2, S25, S26, Haltestelle Potsdamer Platz; Bus 200, Haltestelle Tiergartenstraße | Tipp Ein Spaziergang zum Café am Neuen See im Tiergarten.

74 Die Parfümerie Iqra

Lies!

Der Prophet Muhammad hatte gemäß islamischer Überlieferung vom Engel Gabriel die Aufforderung zum lauten Lesen erhalten. »Trag vor im Namen deines Herrn, der erschaffen hat«, fordert der erste Vers von Sure 96. Es soll der erste Teil der göttlichen Offenbarung an Muhammad gewesen sein, damals im spätantiken Mekka, im heutigen Saudi-Arabien.

Koran, die arabische Bezeichnung für die verschriftlichte Offenbarung, bedeutet Rezitation und ist sprachlich verwandt mit dem Imperativ »iqra« – Lies! Rezitiere! Die in den Namen des kleinen Ladens eingeschriebene Aufforderung ist verbunden mit einem breiten Angebot an Produkten: Parfüme, Öle, vieles aus dem seltenen Harz des Adlerholzbaums, arabisch Oud, verschiedene Sorten Weihrauch, dazu Amber- und Moschusdüfte, künstlich hergestellt und ohne Alkohol. Für das Gebet reinigt man sich nicht nur, sondern möchte auch gut riechen.

Natürlich gibt es den Text selbst, Korane in verschiedenen Größen und Sprachen, in Leder, Samt oder Kunststoff eingeschlagen. Darüber hinaus Koranständer und andere fürs Gebet nützliche Utensilien wie Teppiche, Ketten und Uhren, die an die Gebetszeiten erinnern.

Der Inhaber Nasser Ghoneim wollte ursprünglich Grundschullehrer werden. Im Berlin der 1980er Jahre war ihm aber als Sohn palästinensischer Eltern mit ungeklärtem Aufenthaltsstatus ein Studium nicht erlaubt, ebenso durfte er keinen Beruf erlernen. Damit drohte sich schmerzhaft eine Zukunft zu wiederholen, die seine 1948 aus ihrer Heimat vertriebenen Eltern zunächst erwartet hatte, als sie im Libanon lebten. Deren Glück war eine Arbeit des Vaters in Berlin. Nach verschiedenen Gelegenheitsjobs und stetem Selbststudium steht Herr Ghoneim heute gelassen in seinem Laden. Spätestens als der Postbote hereinkommt und fragt, ob er noch einmal eine Probe des Hausdufts auf den Arm gestrichen bekommen darf, lacht er: »Das ist ›Oud Iqra‹, mein Lockparfüm.«

Adresse Hermannstraße 39, Ecke Mahlower Straße, 12049 Berlin-Neukölln | ÖPNV U-Bahn U8 und Bus M43, 166, Haltestelle Boddinstraße | Tipp Beeindruckend ist das KINDL – Zentrum für zeitgenössische Kunst in der ehemaligen Brauerei.

75 Das Passage-Panoptikum

Ein Ägypter gestaltet das Berliner Freizeitangebot

An welchem Ort lässt sich das Leben von Mohamed Soliman am besten erzählen? Vermutlich hier, wo 1873 die Kaisergalerie eröffnete, eine elegante Passage für Unterhaltung und Konsum, die den Boulevard Unter den Linden mit der Friedrich- und der Behrenstraße verband. Der Ägypter Soliman betrieb darin acht Jahre lang Panoptikum und Theater, gestaltete das Café Keck orientalisch um und führte das legendäre Linden-Cabaret. Bis die Inflation dem Treiben 1923 ein Ende setzte. Da hatte der Geschäftsmann und Entertainer bereits über 20 Jahre lang in der Berliner Unterhaltungsbranche mitgemischt.

Vor der Übernahme des Panoptikums betrieb Soliman schon seit 1906 ein Stummfilmkino in Rummelsburg und blieb der Filmkunst treu, als er das Passage-Theater in ein Kino-Varieté umwandelte und als Erster Charlie-Chaplin-Filme in deutscher Fassung vorführte. Das Wirken in der Kaisergalerie markierte für ihn, der als Zauberkünstler und Feuerschlucker nach Europa gekommen war, einen gesellschaftlichen Aufstieg. Außer Café, Kino und Varieté organisierte er auch »Völkerschauen« und »Abnormitätsschauen« und beteiligte sich daran, der preußischen Gesellschaft »das Fremde« zu präsentieren und Exotik zu inszenieren. Soliman war ein anerkannter Teil der Berliner Gesellschaft, für die er andere und zugleich sich selbst orientalisierte. Andererseits unterstützte er in Berlin politisch exilierte Ägypter.

Soliman starb im Jahr 1929 mit nur 51 Jahren in Berlin. An seinem letzten Wohnhaus in der Oranienburger Straße erinnert eine Gedenktafel an ihn, auf dem Islamischen Friedhof am Columbiadamm, den er finanziell unterstützte, ein Grabstein. Neben ihm liegt seine Ehefrau Martha begraben. An die prunkvolle Kaisergalerie mit Glasdach erinnert nicht mehr viel. Man kann einen Blick in das mondäne Hotelfoyer werfen, das pralle Leben von einst lässt sich jedoch kaum erahnen.

Adresse zwischen Behrenstraße, Friedrichstraße und Unter den Linden, 10117 Berlin-Mitte | ÖPNV U-Bahn U5, U6 und Bus 100, 300, Haltestelle Unter den Linden | Tipp Das französische Kaufhaus »Galeries Lafayette« bietet vor allem Mode und Gourmetwaren.

76_Die Pickle Bar

Slawen und Tataren zwischen Moskau und Mekka

Die Pickle Bar ist weniger Bar als vielmehr Projektraum des Künstlerkollektivs »Slavs and Tatars«. Die namensgebende saure Gurke an der Fassade signalisiert: Zu Veranstaltungen wird Eingelegtes serviert, dazu Schnaps. Der Blick geht gen Osten.

Das Kollektiv begann 2006 als Lesegruppe, bis heute zieht sich Sprache als ein Thema durch ihre Arbeiten. Die »Slawen und Tataren« widmen sich mit Texten, Skulpturen und Installationen dem Gebiet zwischen der Berliner Mauer im Westen und der Chinesischen im Osten. Eurasien also. In seinen hohen Gebirgen, weiten Ebenen und Meeren steckt Inspiration. Kunst, Pop, Kult und Religion drücken sich in intensiver Bildsprache aus und in drei Alphabeten: lateinisch, arabisch, kyrillisch. Auch der muslimische Alltag zwischen dem Balkan und Bengalen benutzt unter anderem diese Buchstaben.

Vielleicht haben Sie Glück und können einmal eine Ausstellung der Gruppe besuchen. Wesentlich für ihre Arbeitsweise ist es, zwei (und mehr) Enden eines Spektrums zusammenzubringen. Sie fräsen sich regelrecht durch historische und zeitgenössische Phänomene und ziehen unerwartete Verbindungen. »Nicht nur, sondern auch!«, rufen sie aus. Das ist ihre Therapie für die entzauberte Welt der Moderne. Diese unterliege dem Wahn, alles eindeutig verstehen zu wollen.

Die Diagnose trifft sich mit dem Plädoyer des Islamwissenschaftlers Thomas Bauer, Ambiguitäten auszuhalten, Mehrdeutigkeiten. Eine solche Ambiguitätstoleranz macht er im klassischen Islam früherer Jahrhunderte aus. Arabische Rhetoriker sammelten und feierten beispielsweise mehrdeutige Wörter.

Bei »Slavs and Tatars« manifestiert sich solches Denken, wenn sie einen neuen Inhalt für die Form des »dhikr« vorschlagen, die sufische Praxis, Gottesnamen rhythmisch auszurufen. Das Kollektiv leitet aus dem russischen Ausdruck »ja nein«, »да нет« (es meint nein), die Idee für einen neuen »dhikr« ab: ja–nein–ja–nein–ja.

Adresse Stephanstraße 11, 10559 Berlin-Moabit | ÖPNV U-Bahn U9 und S-Bahn S41, S42, Haltestelle Westhafen | Tipp In der Kulturfabrik Moabit gibt es ein Café und ein vielfältiges Kulturprogramm.

77 Der Pierre Boulez Saal

Sich entrücken lassen

Der Konzertsaal mit seiner brillanten Akustik und die Barenboim-Said-Akademie, die seit 2015 Musiker ausbildet, gehören zusammen. Ihre Geschichte geht zurück auf die Freundschaft zwischen dem Pianisten und Dirigenten Daniel Barenboim und dem einflussreichen Literaturwissenschaftler Edward Said (1935–2003), die zunächst 1999 das West-Eastern Divan Orchestra mit jungen arabischen, israelischen und palästinensischen Musikern gegründet hatten.

Die jährlich im Boulez Saal stattfindenden Arabischen Musiktage widmet der Kurator Naseer Shamma, selbst Virtuose auf der arabischen Laute Oud, verschiedenen Themen. Einmal stand ein historischer Musikkongress in Kairo im Mittelpunkt, auf dem 1932 arabische und europäische Musiker und Musikwissenschaftler darüber diskutierten, was arabische Musik auszeichnet. Béla Bartók war darunter, aus Berlin Paul Hindemith, Curt Sachs und Erich von Hornbostel und zahlreiche bekannte Ägypter. Viele der damals erstellten Musikaufnahmen sind bis heute erhalten, darunter Gottesanrufungen von Anhängern des mystischen Islam, den Sufis.

Der muslimische Gebetsruf wiederum gilt im Islam ebenso wie die Koranrezitation nicht als Gesang oder gar Musik. Verbindungen sind jedoch nicht zu überhören. Die US-Historikerin Sylviane Diouf hat erforscht, wie die Rezitation und der Gebetsruf mit muslimischen Sklaven aus Westafrika in die USA gelangten und sich dort schließlich einen stimmlichen Weg in den Blues bahnten.

Wie die klassische arabische Musik vollzieht sich auch der Gebetsruf in verschiedenen Modi, arabisch »Maqam«. Maqam wiederum bedeutet Ort, Zustand. Und das drückt aus, wohin Musik ebenso wie das Gebet Menschen führen kann: in einen eigenen, entrückten Zustand, an einen alltagsfernen Ort. Für solche Erlebnisse ist der Pierre Boulez Saal, benannt nach einem herausragenden Avantgardisten, eine sehr gute Wahl.

Adresse Französische Straße 33D, 10117 Berlin-Mitte | ÖPNV U-Bahn U5, U6 und Bus 100, 300, Haltestelle Unter den Linden | Tipp Interessante zeitgenössische Kunstausstellungen zeigt das PalaisPopulaire.

78 Der Ramadan

Eine Dattel bricht das Fasten, ein Festmahl folgt

Ramadan heißt der Monat, in dem Muslime nach dem islamischen Kalender eine Mondphase lang fasten. Der nächste Monat beginnt mit dem Fest des Fastenbrechens. Ramadan wandert durch das gregorianische Jahr und rückt aktuell dem Winter immer näher. Je kürzer die Tage, desto kürzer auch das Fasten bei Tageslicht.

Jedes Jahr öffnen sich viele Moscheen im Ramadan ausdrücklich nicht muslimischen Besuchern, laden zu interreligiösen Veranstaltungen ein, teilen beim abendlichen Fastenbrechen das Essen. Es ist ein besonderer, ein besonders sozialer Monat.

»Ramadan connects« heißt ein verbindendes Event für deutschsprachige Musliminnen, das 2023 mehr als 450 Frauen und Mädchen in einem Kreuzberger Festsaal versammelt, unter anderem aus albanischen, libanesischen und türkischen Familien. Eingeladen haben fünf Vereine, darunter die Frauenorganisation Muslimin e.V. Für den Abend bildet sich sogar ein Chor, um Lobpreisungen und Hymnen zu singen. Auf den schwarzen Schärpen der Organisatorinnen werden mit goldenem Faden Fatima und Zainab geehrt. Fatima war eine Tochter Muhammads und Ehefrau von Ali, dem ersten Anhänger Muhammads und vierten Kalifen. Zainab ist eine der Töchter von Fatima und Ali, Schwester der Imame Hasan und Husain. Für Schiiten sind die beiden Frauen von besonderer Bedeutung, weil sie sich in ihrer Zeit durch ihr Wissen und ihren Einsatz für die Gemeinschaft ausgezeichnet haben und ihre Persönlichkeiten von Muhammad in zahlreichen Überlieferungen hervorgehoben wurden. Heute inspirieren sie viele Musliminnen zu gesellschaftlichem Engagement.

Das Wort »Ramadan« enthält die Bedeutung »starke Hitze«. Das gilt unter anderem als Verweis darauf, dass Sünden erlöschen, ausbrennen. Eine junge deutschsprachige Theologin erläutert: Im Ramadan vervielfacht sich der Lohn für gute Taten. Selbst der Schlaf ist dann Gottesdienst, ermöglicht er doch das Fasten.

Adresse während des Ramadan an zahlreichen Orten | Tipp Probieren Sie eine der typischen Suppen zum Fastenbrechen auf der Sonnenallee.

79 Das Raucherlokal

Von »Brennende Liebe 1899« zur »Shishabar Fairouz«

Ist es ein historischer Zufall? Im Jahr 2023 befindet sich dort eine Shishabar, wo einst ein Raucherclub tagte. Der Verein Brennende Liebe 1899 hatte in der Sonnenallee, damals Kaiser-Friedrich-Straße, Ecke Reuterstraße, sein erstes Vereinslokal. Welche Ecke, ist nicht überliefert, und so lässt sich spekulieren, es müsse die sein, an der heute das Lailat Fairouz liegt. Es serviert Kaffee, Shishas und berühmte Lieder: Namensgeberin Fairouz ist eine legendäre libanesische Sängerin.

Mitten im Treiben der Sonnenallee rauchen hier auch Frauen, ganz anders bei der Brennenden Liebe, wo sie erst ab 1973 und nach heftigen Auseinandersetzungen aktiv mitmischen durften. Die Herren Mitglieder trugen damals beim Wettrauchen einen roten Fez, die typische Kopfbedeckung der Osmanen. Sie stand für die Verbindung gen Osten, woher der Rauch damals wehte. Die europäische Raucherkultur war mit orientalistischen Vorstellungen verknüpft, mit Zigarettenmarken wie Moslem, Kalif und Königin von Saba sowie scherzhaften Bezügen zu vermeintlichen islamischen Überlieferungen. Tatsächlich gilt Tabakrauchen im islamischen Recht als verwerflich, aber nicht verboten. Eine weit verbreitete Praxis ist es unter Muslimen mit Sicherheit.

Von Shishabars in Berlin lässt sich nicht ohne die Debatte um Polizeirazzien reden. Die Razzien in solchen Bars und Cafés gelten vielen als unverhältnismäßig und werden als Kriminalisierung kritisiert, als vorurteilsbehaftet. Politische Initiativen erinnern auch daran, dass beim rechtsextremen Attentat in Hanau 2020 zwei der neun Todesopfer in einer Shishabar ermordet wurden.

Mit der bürgerlich-chauvinistischen Kultur von Brennende Liebe 1899 hat das dann doch wenig zu tun. Bis 1988 hatte der Verein verschiedene Treffpunkte im Bezirk, dann löste er sich aufgrund schwindender Mitgliederzahlen auf. Ein mit Vereinsabzeichen verzierter Fez ist im Museum Neukölln ausgestellt.

Adresse Sonnenallee 28, 12047 Berlin-Neukölln | ÖPNV U-Bahn U7, U8, Haltestelle Hermannplatz; Bus M29, M41, 171, 194, Haltestelle Sonnenallee/Pannierstraße | Öffnungszeiten täglich 12–1 Uhr | Tipp Im nahe gelegenen Café Fatma & Frieda gibt es leckeres Frühstück, Kuchen, Kaffee.

80 Das Reisebüro El-Bashair

Einmal im Leben nach Mekka und Medina

Die Inhaberin des Reisebüros lächelt ein wenig müde. Ihre Arbeit habe sich verändert, erzählt Wafa Abou-Shewarib. In der Coronapandemie war Mekka geschlossen, niemand reiste zur großen Pilgerfahrt, Hadsch, an. Im Jahr 2022 durften eine Million Menschen nach Mekka kommen, weniger als die Hälfte von früher. Entscheidender noch: Saudi-Arabien hatte das Vergabesystem für die Verteilung der Plätze geändert.

Bis dahin war der Hadsch so organisiert: Als Hüter der beiden heiligsten Stätten des Islam, Mekka und Medina, lizenzierte Saudi-Arabien weltweit Reisebüros, die in Zusammenarbeit mit saudischen Unternehmen eigene Reisen zusammenstellten. Inzwischen gibt es ausschließlich Reisepakete des zuständigen saudischen Ministeriums im Internet. Pilger aus dem Ausland müssen dort buchen, all inclusive.

Der Hadsch ist für Muslime, denen es gesundheitlich und finanziell möglich ist, verpflichtend. Viele sparen ihr Leben lang für die hohen Kosten dieser einmaligen Reise an bestimmten Tagen des letzten Monats im islamischen Jahr. Die neue Zentralisierung belässt sämtliche Einnahmen in Saudi-Arabien. Daher kann Wafa Abou-Shewarib in ihrem Reisebüro nur noch beraten, quasi kostenlos. »Ich arbeite gern für die Menschen«, sagt die Inhaberin, »das zahlt aber keine Miete.«

Geblieben ist die kleine Pilgerfahrt, Umra, die jederzeit vollzogen werden kann. Drei solcher Reisen hat sie für 2023 zusammengestellt. Aber auch in dem Segment deuten sich Veränderungen an. Und dann? »Mal sehen«, sagt Abou-Shewarib ruhig, Entscheidungen müssen gut überlegt sein. Die Palästinenserin kam kurz nach dem Mauerfall gerade erwachsen nach Berlin. Sie studierte Informatik, arbeitete als Schulsekretärin, zog fünf Kinder groß. Nach dem Tod ihres Mannes übernahm sie 2014 das Reisebüro. Sie hat viele Veränderungen durchlebt. Angst vor der Zukunft hat sie nicht, sie hat Gottvertrauen.

Adresse Roseggerstraße 40, 12059 Berlin-Neukölln | ÖPNV Bus M41, Haltestelle Geygerstraße | Öffnungszeiten Mo–Fr 10–17 Uhr, Sa 10–14 Uhr | Tipp In der Nähe gibt es auf dem Hertzbergplatz Kaffee, einen Spiel- und einen Minigolfplatz.

81_Der Retter Mod Helmy

Muslime im Nationalsozialismus

Sein arabischer Name war Muhammad Helmy. Auf Anraten seiner Verlobten und späteren Frau Emmy Ernst nannte er sich jedoch Mohd oder Mod. 1901 in Khartum geboren, kam er 1922 nach Berlin, um Medizin zu studieren. Er arbeitete erst als Assistenz- und von 1933 bis 1937 als Oberarzt im Krankenhaus Moabit. Zunächst war Helmy schnell befördert worden, weil alle jüdischen Kollegen das Krankenhaus verlassen mussten. Er wurde etwas später selbst von den Nationalsozialisten aus der Klinik gedrängt, in den Jahren 1939 und 1940 kurzzeitig inhaftiert und praktizierte später in Charlottenburg.

Da Adolf Hitler an der Zusammenarbeit mit Muslimen sowohl gegen die Briten im Nahen Osten als auch gegen die Franzosen in Nordafrika sowie die Sowjetunion auf dem Balkan und in Zentralasien interessiert war, ließen die Nationalsozialisten Muslime in Berlin weitgehend unbehelligt. Heinrich Himmler erfand innerhalb der eigenen Rassentheorie sogar die Kategorie des »Muselgermanen«.

Wilmersdorf und Charlottenburg hatten in der Weimarer Zeit eine Reihe von muslimischen Organisationen und Treffpunkten beherbergt, darunter die Berliner Moschee, das Islam-Institut, Vereine und Studententreffs sowie Clubs und Bars wie die Carlton Bar des Jazzmusikers Abdel Aziz Helmy Hammad.

Das muslimische Netzwerk Berlins der 1920er Jahre funktionierte im faschistischen Berlin teilweise weiter. So konnte Mod Helmy mit Hilfe verschiedener Freunde, unter anderem des Musikers Hammad, seine jüdische Arzthelferin Anna Boros durch den Zweiten Weltkrieg hindurch schützen und vor der Deportation retten.

1962 wurde der Arzt vom Berliner Senat offiziell als »Held« anerkannt. Mod Helmy starb 1982 in Berlin. Sein Grab befindet sich auf dem Waldfriedhof gegenüber vom Olympiastadion, einem schönen und weitläufigen, um die Senke des Sausuhlensees angelegten Areal mit zahlreichen Grabstätten Prominenter.

Adresse Friedhof Heerstraße, Grablage II-Ur 7-184, Trakehner Allee 1, 14053 Berlin-Westend | ÖPNV Bus 134, Haltestelle Wasserwerk Spandau | Tipp Das Georg Kolbe Museum zeigt moderne und zeitgenössische Kunst.

82 Der S-Bahnhof Yorckstraße

Berlin, Istanbul, Qamischli und zurück

Seit die Berliner Verkehrsbetriebe (BVG) 1984 in West-Berlin das S-Bahn-Netz von der Deutschen Reichsbahn übernahmen, trägt die Linie 1 ihre Nummer und die Farbe Rosa. Zwei Jungs sitzen in der S1 Richtung Frohnau, 13 oder 14 Jahre alt, dunkles Haar, Locken. Der eine trägt Brille, der andere eine Zahnspange. Sie unterhalten sich auf Deutsch und Türkisch über Computerspiele, dann über das Auspacken von Produkten vor laufender Kamera: »Das juckt doch keinen.« – »Manchmal ist's schon interessant, weil du dann weißt, ob die Schrott verkaufen.« – »Nee, Alter.« Als Nächstes geht es um Türkisch und Kurdisch. »Warum haben die Kurden eigentlich kein eigenes Land, wenigstens ein klitzekleines, so wie Luxemburg?«, fragt der mit der Brille. »Die Engländer und Franzosen haben im Ersten Weltkrieg neue Grenzen im Osmanischen Reich gezogen«, kommt die Antwort. Ungläubige Rückfrage: »Die Europäer haben die Grenzen gezogen?« »Ja, Mann«, die entspannte Antwort. »Dann müssen die sich entschuldigen«, platzt es aus dem Jungen, der gefragt hat. Sein Freund schiebt ihn vom Sitz: »Yorckstraße, wir müssen raus.«

Nicht nur Hunderttausende Personen fahren täglich mit der BVG, auch unzählige Geschichten und offene Fragen werden transportiert, in vielen Sprachen, darunter häufig Arabisch und Türkisch.

Am S-Bahnhof Yorckstraße trifft die S1 auf die U-Bahn-Linie U7, die Süd-Neukölln und Spandau verbindet. In beiden Stadtteilen leben viele Muslime. Mancher Hinweis auf Menschen muslimischen Glaubens ist einfach auszumachen, wie das Kopftuch oder eine Gebetskette, andere schwieriger, wie das Handyklingeln in Form eines Gebetsrufs. Aber eigentlich ist das ja auch egal. Die BVG reagiert in ihrer Werbekampagne »Weil wir dich lieben« mit verschiedenen Werbefilmen auf die Vielfalt der Bundeshauptstadt. Besonders beliebt war 2016 der Song »Is mir egal«, gesungen von Kazim Akboga.

Adresse S-Bahnhof Yorckstraße, 10829 Berlin-Schöneberg | ÖPNV S-Bahn S1, S2, U-Bahn U7, Bus M19, Haltestelle Yorckstraße (Großgörschenstraße) | Tipp Im gegenüberliegenden Park am Gleisdreieck kann man die Gleise der stillgelegten Bahnstrecken verfolgen, die alten Bahnbrücken bewundern und sich auch sonst weitläufig tummeln.

83 Die Sansibarstraße

Kolonialgeschichte in Straßennamen

Viele Straßennamen im Viertel verweisen auf zwei Kontexte: eine Berliner Entstehungsgeschichte, als die Hauptstadt des Deutschen Reichs sich gerade in Richtung Groß-Berlin entwickelte, und eine Geschichte entfernter Gegenden. So auch hier. Sansibar, eine Insel im Indischen Ozean, ist dem heutigen Tansania administrativ als Teilstaat zugeordnet und seit dem 10. Jahrhundert mehrheitlich muslimisch. Es wird dort Suaheli und Arabisch gesprochen.

Der aus Sansibar stammende Abdulrazak Gurnah, Literaturnobelpreisträger im Jahr 2021, beschreibt in seinem Roman »Das verlorene Paradies«, wie eine vertraute, sowohl durch Sklaverei als auch ein hartes Leben gekennzeichnete islamische Ordnung an der Küste Ostafrikas um 1900 durch eine neue brutale Ordnung zerstört wird, die Kolonisierung durch das Deutsche Reich. Dabei bedienten sich deutsche Kolonialbeamte, Missionare, Soldaten und Unternehmer der gleichen Methoden wie die Franzosen im muslimisch dominierten Nordafrika und im Sudan: Arroganz, Folter, Gewalt, Intrigen, Schmeichelei. Die meisten Einheimischen erlitten Gewalt und ordneten sich unter. Einige kollaborierten und profitierten – ohne einheimische Verbündete keine Durchdringung der Länder. Andere wehrten sich im antikolonialen Kampf. Realitätsnah schließt sich der junge Protagonist in Gurnahs Roman gegen Ende den Soldaten des Deutschen Kaiserreichs an.

Die Berliner Entstehungsgeschichte der Sansibarstraße ist schnell erzählt: Der Hamburger Zoo- und Zirkusdirektor Carl Hagenbeck hatte vor dem Ersten Weltkrieg in der Nähe der Berliner Rehberge eine Anlage für die Ausstellung von Menschen und Tieren aus den deutschen Kolonien in Afrika geplant. Von seinem Vorhaben wurden nur die Straßennamen realisiert. Davon ausgehend entstand das Afrikanische Viertel. Jahrelang kämpften Aktivisten für eine Umbenennung. 2018 wurde sie beschlossen, umgesetzt ist sie noch nicht.

Adresse Sansibarstraße, 13351 Berlin-Wedding | **ÖPNV** U-Bahn U6 und Bus 221, Haltestelle Afrikanische Straße | **Tipp** Die Straße führt direkt zum großen Volkspark Rehberge mit Freilichtbühne und Wildgehegen.

84_Das Schloss Bellevue

Selbstverständlich gehört der Islam zu Deutschland

Ob Bundespräsident Christian Wulff bewusst war, welche Aufregung seine Aussage »Der Islam gehört inzwischen auch zu Deutschland« auslösen würde? Dieser Satz fiel nicht im Amtssitz Bellevue, sondern 2010 in einer Rede zum 20. Jahrestag der Deutschen Einheit. Zu einer Zeit, als Thilo Sarrazins islamfeindliches Buch »Deutschland schafft sich ab« medial überpräsent war. In der aufgeheizten politischen Stimmung wollte Wulff ein Signal für Vielfalt und gegen gesellschaftliche Spaltung setzen.

Der Gegenwind kam prompt, obwohl Wolfgang Schäuble als Innenminister bereits 2006 die von ihm initiierte Deutsche Islamkonferenz mit dem Satz »Der Islam ist Teil Deutschlands und Europas« eröffnet hatte. Vor allem CDU/CSU-Politiker widersprachen Wulff, und der parteilose Joachim Gauck verneinte die Aussage als Nachfolger im Bundespräsidentenamt. Kanzlerin Angela Merkel wiederum wiederholte den Satz, ließ dabei jedoch das relativierende »inzwischen auch« weg, mit dem Wulff den Islam dem Christen- und Judentum nachgeordnet hatte. Regierungssprecher Steffen Seibert twitterte also Anfang 2015: »Der Islam gehört zu Deutschland.«

Wulff bekräftigte wiederholt seine Haltung und erhielt für seine Positionierung 2014 den Tutzinger Toleranz-Preis. Tatsächlich läutete das Jahr 2010 trotz gesellschaftlicher Kontroversen eine Phase ein, in der die rechtliche Anerkennung des Islam Fortschritte machte. Die Bestattung im Tuch ohne Sarg wurde in einigen Bundesländern ermöglicht, Regelungen zu islamischem Religionsunterricht und gesetzlichem Schutz von Feiertagen getroffen.

Am Schloss Bellevue selbst weist nichts darauf hin, dass der Islam zu Deutschland gehört. Aber wenn es stimmt, dass Sprache unsere Realität formt und dass die Macht des Bundespräsidenten vor allem in der Kraft des Wortes liegt, dann ist dies der Ort, der für die Autorität und Strahlkraft von Wulffs Worten steht.

Adresse Spreeweg 1, 10557 Berlin-Tiergarten | ÖPNV Bus 100, 187, Haltestelle Schloss Bellevue | Tipp Über den Spazierweg am Bellevue-Ufer an der Spree erreichen Sie die Akademie der Künste im Hansaviertel.

85_Die Schneiderei

Bilkiss Creation Multi-Kulture

Die Frage, ob der Laden eine Beziehung zum Islam habe, bejaht die Inhaberin Bilkiss. In der togoischen Hauptstadt Lomé hat sie einen gleichnamigen Laden besessen, bevor sie ihrem Mann nach Deutschland folgte. Circa ein Viertel der Einwohner Togos seien Muslime. Sie näht Kleidung, Schmuck und Spielzeug, aber selbstverständlich für ganz verschiedene Kundinnen. Die Stoffe leuchten in allen Farben, und darum gehe es ja auch, der Islam hat nicht nur eine Farbe. Schwarz zieht man in Togo eher bei Trauer an, und körperbetonte Kleider sind keine Seltenheit, hohe bunte Kopfbedeckungen bei Feierlichkeiten die Regel.

Der Name Bilkiss weist auf die in Bibel und Koran erwähnte Königin von Saba, Herrscherin über fruchtbares und kultiviertes Land in Südarabien, im heutigen Nordjemen. Vom jüdischen König Salomo (dem islamischen Prophet Sulaiman) umworben, hatte sie mit ihm anschließend ihre liebe Mühe. Koranexegeten beschrieben die Königin nicht nur als sehr schön, sondern auch als umsichtig und klug. Man kennt sie aus der gleichnamigen Oper des im 19. Jahrhundert in Ungarn geborenen Komponisten Karl Goldmark, die so populär wurde, dass sie von 1875 bis 1938 zum Repertoire der Wiener Staatsoper gehörte. Dass er jüdisch war, spielt hier vor allem im Zusammenhang mit der Absetzung der Oper eine Rolle.

Ebenfalls um die Wende zum 20. Jahrhundert war Togo eine deutsche Kolonie (1884–1916). Sichtbare Spuren dieser Geschichte finden sich vor Ort so gut wie keine mehr. Die Eisenbahnstrecken, die die Deutschen bauten, um Baumwolle, Kautschuk und Palmöl an die Küste zu transportieren, sind heute komplett zurückgebaut oder zerstört.

Bilkiss sei wie Aischa und Dschamila ein gängiger Name für muslimische Mädchen in Westafrika. Am liebsten würde sie im Alter zurückgehen, schon der Wärme und ihrer Familie und Freunde wegen. Zuvor aber hat sie in Berlin noch viel zu tun.

Adresse Wiesenstraße 19B, 13357 Berlin-Wedding | ÖPNV S-Bahn S41, S42, Haltestelle Wedding; Bus M27, Haltestelle Wiesenstraße | Öffnungszeiten Mo–Fr 10–18 Uhr, Sa 10–14 Uhr | Tipp Das Museum Mitte mit einer feinen Dauerausstellung liegt gleich um die Ecke.

86__Die Şehitlik-Moschee

Weithin sichtbare Minarette am Tempelhofer Feld

»Osmanische Offiziere starben für die Sache, und das macht sie nach islamischem Verständnis zu Märtyrern«, sagt Ahmet Gür, als er über das Gelände am Columbiadamm führt. Der Friedhof wurde deshalb Märtyrergrabstätte, Şehitlik, genannt und war schließlich namensgebend für die wohl bekannteste unter den Berliner Moscheen.

Mit »die Sache« meint er den Kampf des Osmanischen und Deutschen Reichs gegen die Entente-Mächte im Ersten Weltkrieg. In der gleichen Zeit befahlen die Jungtürken 1915/16 den Völkermord an den Armeniern. Auch zwei für den Genozid Verantwortliche liegen hier und werden als Märtyrer geehrt.

Die Deutschen hatten den Partner militärisch ausgebildet. Die von Gür erwähnten Offiziere kamen verwundet nach Berlin, um sich ärztlich behandeln zu lassen, und verstarben doch. Auch die beiden Reiche gab es nach dem Krieg nicht mehr, den sie bekanntlich gegen Russland, England und Frankreich verloren.

Das Areal gehört heute der Türkei, nachdem es der preußische König Wilhelm I. im Jahr 1866 Sultan Abdülaziz geschenkt hatte. Es beherbergt die 2004 eröffnete weit sichtbare Şehitlik-Moschee, ein repräsentatives Kulturzentrum, Unterrichtsräume, eine Cafeteria und einen Buchladen.

Der Komplex untersteht dem Dachverband Türkisch-Islamische Union der Anstalt für Religion (DITIB), und die Gemeinde ist einer der Orte in Berlin, an dem die rituelle Waschung von verstorbenen Muslimen vorgenommen werden darf. Deshalb ist es hier jeden Tag voll. DITIB gehört zu Diyanet, der 1924 vom jungen türkischen Staat gegründeten Behörde für religiöse Angelegenheiten mit einem weltweiten Netz an sunnitischen Moscheen und Bildungseinrichtungen. So wundert es nicht, dass die Şehitlik Camii formgleiche Schwestermoscheen im turkmenischen Ashgabat und im japanischen Tokio hat. Alle drei wurden von Hilmi Şenalp entworfen, der als Recep Tayyip Erdoğans »Hofarchitekt« gilt.

Adresse Columbiadamm 128, 10965 Berlin-Neukölln | ÖPNV U-Bahn U8, Haltestelle Boddinstraße; Bus M43, Haltestelle Sommerbad Neukölln | Tipp Für eine Führung durch das Gebäude des ehemaligen Flughafens Tempelhof meldet man sich vorher schriftlich an.

87 Der Seituna Kulturverein

Ein Olivenbaum als Wahrzeichen

Auf der viel befahrenen Sophie-Charlotten-Straße, parallel zur A100 und zur Ringbahn, wirbt ein Schild für eine bekannte Supermarktkette. Es hängt direkt vor dem Fenster des arabischen Vereins Seituna im ersten Stock des Gebäudes. Zunächst gab es in dieser Gegend nur türkischsprachige Vereine, erzählt der Geschäftsführer Karim Gouider. Er freute sich daher, nach der Gründung von Seituna 2013 passende Räumlichkeiten zu finden: ein ehemaliges Fitnessstudio mit bereits vorhandenen Waschräumen sowie einem Tresen zur Begrüßung am Eingang. Ein separater Raum mit Fenster ermöglicht die Simultanübersetzung der arabischen Predigt ins Deutsche.

Viele Studierende kommen hierher, vor allem freitags und im Ramadan, da sie die familiäre Atmosphäre mögen. Aber nicht nur für sie ist der Ort ein Zuhause. Kinderbetreuung für Familien wird genauso angeboten wie Seelsorge und Islam-Unterricht.

Annähernd 100 Gebetsräume für Muslime gibt es in Berlin, sie entstanden in unterschiedlichen Phasen. Nach der ersten frei stehenden Moschee in Wilmersdorf zu Beginn des 20. Jahrhunderts folgten im Zuge der Anwerbeabkommen und Einwanderung von Arbeitern aus der Türkei in den 1960er und 1970er Jahren viele kleine, eher in Hinterhöfen versteckte. Einige Neubauten verschiedener Organisationen kamen seit Beginn der 2000er Jahre hinzu. Heute sind sieben Moscheebauten, die von außen als solche erkennbar sind, in der ganzen Stadt verteilt, weitere Bauanträge laufen.

Für Karim Gouider sind aber vor allem das Vereinsleben, die Nachbarschaftsarbeit und interreligiöser Dialog wichtig. Der Name Seituna – Olive oder Olivenbaum im Arabischen – zeige den Anspruch, für alle Menschen da zu sein und für ein friedliches Miteinander einzutreten. Der Baum, seine Zweige und Früchte sind alte Symbole für Weisheit, Frieden und Fruchtbarkeit. Auch die zweitälteste Moschee Nordafrikas aus dem 8. Jahrhundert trägt diesen Namen.

Adresse Sophie-Charlotten-Straße 31–32, 14059 Berlin-Charlottenburg | ÖPNV S-Bahn S42, Haltestelle Westend; Bus M45, 309, Haltestelle Sophie-Charlotten-Straße | Öffnungszeiten täglich 5–22 Uhr, Moscheeführung auf Anfrage | Tipp Der Schlossgarten Charlottenburg mit Orangerie und Karpfenteich liegt in Fußnähe am Spandauer Damm.

88 Die Sonnenallee

Flanieren in der Einwanderungsgesellschaft

Willkommen auf einer der bekanntesten Straßen Berlins! Dank Filmen, Büchern, aufgeregter Debatten und nicht zuletzt der Erfolgsserie »4 Blocks« ist die Sonnenallee international berühmt. Viele Geflüchtete kennen die Straße, schon bevor sie in Deutschland ankommen. Für sie ist es die »sharia al-arab«, die »Straße der Araber«. Andere nennen sie »Gazastreifen«.

Geht es um die Sonnenallee, ist meist ihr nördlicher Teil gemeint, beginnend am Hermannplatz. Zunächst als Straße 84 angelegt, hieß sie ab 1893 Kaiser-Friedrich-Straße und führte in die eigenständige Stadt Rixdorf, damals ein Vergnügungszentrum. Der breite Mittelstreifen zeugt von der alten Straßenbahn, heute klappert der legendäre Bus M41 die knapp fünf Kilometer lange Straße bis zum südlichen, ehemals Ostberliner Ende ab.

»Ein Kommentar von der Sonnenallee«, untertitelte der Schriftsteller Behzad Karim Khani seinen scharfen Zeitungstext, der von Ausgrenzung und Islamophobie handelt und auf Debatten um die Silvesterrandale 2022 antwortet, in denen viel vom »Migrationshintergrund« die Rede war. Als Entgegnung auf dieses Label kursiert seit einiger Zeit die Bezeichnung »Deutsche mit Nazihintergrund«, die den Blick provokativ umdreht und darauf aufmerksam macht, wer in der Position ist, andere zu markieren, und wer markiert wird.

Viele Plakate und Graffiti auf der Sonnenallee thematisieren verzweifelt die Situation der Menschen in Palästina. Daran vorbei laufen Hipster, Teenies und Männer mit Gebetskette in der Hand. Auf Lastenrädern fahren Frauen mit Kopftuch und junge Väter. Hier gibt es Gangster-Attitüde, Armut, Alltag und Vergnügen, echtes Großstadtleben. Die Sonnenallee ist vielfältig, wild und anstrengend. Sie hat viel zu erzählen, auch vom Islam: Läden mit Gebetsbedarf, Moscheen, Kulinarisches. Sich hier treiben zu lassen heißt, der aktuellen deutschen Gesellschaft als Einwanderungsgesellschaft zu begegnen.

Adresse Sonnenallee, 12047 Berlin-Neukölln | ÖPNV U7, U8, Haltestelle Hermannplatz; Bus M29, M41, 171, 194, Haltestelle Hermannplatz/Sonnenallee | Tipp Eine ruhige Abwechslung ist die Kaffeebar Jacobi mit Blick auf den grünen St.-Jacobi-Friedhof in der parallelen Karl-Marx-Straße.

89 Die Supermarktkette

Ramadankalender – (fast) neu im Sortiment

In türkischen Supermärkten gibt es den Ramadankalender schon etwas länger, seit 2018 gibt es ihn auch in den Filialen der Kaufland-Kette. Es sei selbstverständlich, den Kunden internationale Spezialitäten anzubieten. Tatsächlich taucht das Halal-Siegel inzwischen auch in gängigen Supermärkten auf, beispielsweise bei Fleischprodukten oder Süßigkeiten. Halal, islamrechtlich für erlaubt, meint hier nach islamischen Vorschriften zubereitete Lebensmittel, ohne Alkohol und Produkte vom Schwein.

Einmal im Jahr stapeln sich nun also die bunten Kalender, sind mal bei den Regalen mit Süßigkeiten drapiert, mal neben Lebensmitteln aus aller Welt. »Magischer Ramadan«, steht auf ihrer Vorderseite, die eine Familie vor einer Moschee abbildet, dazu Kamel, Teppich, Palme. Mit klischeehaften Bildern für den »fernen Orient« wird nicht gespart, auch wenn oder gerade weil man sich an muslimische Familien in Europa richtet. Ihnen wird in vier Sprachen – Deutsch, Englisch, Türkisch und Arabisch – ein gesegneter Ramadan gewünscht.

Das Produkt stammt nicht aus einer muslimischen Tradition, sondern ist eine Berliner Erfindung und vom christlichen Adventskalender inspiriert, der Mitte des 19. Jahrhunderts zuerst bei protestantischen Christen auftauchte. Anders als Heiligabend, der im gregorianischen Kalender stets auf dem 24. Dezember liegt, wandert das Ende des Fastenmonats Ramadan durch das Sonnenjahr. Der Ramadan ist als islamischer Monat am Mond ausgerichtet.

Wie der Adventskalender zu Weihnachten führt diese Neuerfindung mit täglichen Süßigkeiten hin zum Fest des Fastenbrechens. Für den Ramadan sind es 30 Türchen, hinter denen Süßes und kleine Geschenke locken. Auf die Innenseiten sind Fragen und Aufgaben rund um den Islam gedruckt. Eine lautet: »Schreibe 3 Dinge auf, für die du dankbar bist«. Eine Übung, die im überkonfessionellen Trend von Achtsamkeit und Dankbarkeit liegt.

Adresse Karl-Marx-Straße 231–235, 12055 Berlin-Neukölln, Filialen im ganzen Stadtgebiet | Tipp Die Galerie Körnerpark zeigt in der entspannten Gartenanlage zeitgenössische Kunst.

90_Die Tadshikische Teestube

Vielfalt einer ehemaligen Sowjetrepublik

Hellgrüne Wände, flache Tische, Sitzkissen, dunkelrote Teppiche. So genießt man hier den Tee und vergisst die Welt. Nomadische Geselligkeit findet in Tadschikistan am Boden statt, ähnlich bei den Nachbarn in Afghanistan, Kirgisistan, Usbekistan und im Westen Chinas. Gemeinsam ist ihnen neben der Teekultur das schroffe Hochgebirge, die islamische Tradition und Jahrzehnte des autoritären Sozialismus. Am Gebirge ist nicht zu rütteln. Seit seiner Unabhängigkeit im Jahr 1991 wird Tadschikistan jedoch weder sozialistisch noch islamisch regiert. Ambitionen einiger Akteure auf einen Gottesstaat werden hart unterbunden.

Im 19. Jahrhundert von Russland kolonisiert, entstand 1929 die Tadschikische Sozialistische Sowjetrepublik, eine von 15 Unionsrepubliken der 1922 gegründeten Föderation. Die »Tadshikische Teestube« ist selbst Kind des Kalten Krieges. Als Exponat 1974 auf der Leipziger Buchmesse im sowjetischen Pavillon ausgestellt, wurde sie anschließend der Gesellschaft für Deutsch-Sowjetische Freundschaft geschenkt, die ihren zentralen Sitz im Palais am Festungsgraben, damals Ost-Berlin, hatte. Bis zum Umzug 2012 befand sie sich dort.

Tadschikisch wird in kyrillischen Buchstaben geschrieben, ist aber dennoch mit dem Persischen eng verwandt. Überhaupt sind die Überschneidungen mit der persischen Kultur vielfältig. Ein Ausdruck davon ist das Fest Nouruz, »Neuer Tag«. Im Iran, in Afghanistan und Tadschikistan markiert die Tag-und-Nacht-Gleiche am 21. März das Neujahrfest. Man rechnet nach dem islamischen Sonnenkalender. Dieser beginnt mit dem Auszug des Propheten aus Mekka, der Hidschra, im Jahr 622 nach christlicher Zeitrechnung, legt aber statt dem Mondjahr, wie im Islam üblich, das Sonnenjahr zugrunde.

Nouruz wird mal als Neujahrs-, mal als Frühlingsfest von vielen Menschen unterschiedlichen Glaubens zwischen Balkangebirge und Golf von Bengalen gefeiert. Tadschikistan liegt genau in der Mitte.

Adresse Oranienburger Straße 27, 10117 Berlin-Mitte | ÖPNV S-Bahn S1, S2, S25, S26, Tram M5, 12 und Bus 12, M1, Haltestelle Oranienburger Straße | Öffnungszeiten Mo 16–21 Uhr, Di–Fr 16–22 Uhr, Sa 12–22 Uhr, So 12–21 Uhr | Tipp Schauen Sie sich an, was aus dem Tacheles geworden ist.

91 Das »Taste of Samarkand«

50 Prozent Rabatt zum Zuckerfest

Vor der Tür des Restaurants für köstliche usbekische Küche steht der blaue Imbisswagen, mit dem auf dem Streetfoodmarkt der Kulturbrauerei alles begann. Zwei große Fenster laden in einen hellen Innenraum ein. Hier sitzt man an schmalen Tischen, quasi direkt auf dem Registan, dem bekanntesten Platz Samarkands. Ein großes Wandbild, gezeichnet in Schwarz und Gold, zeigt die drei großen, im 14. Jahrhundert erbauten Hochschulen für islamische Wissenschaften, Medresen, die den Platz umschließen. In Wirklichkeit sind sie mit detailreichen glasierten Mosaiken in allen Blautönen verziert und stehen heute als touristische Attraktion und Weltkulturerbe ein wenig außerhalb der eigentlichen Stadt.

Samarkand ist eine der ältesten Städte Zentralasiens, gelegen im Südosten der unabhängigen Republik Usbekistan mit prächtigen Moscheen, Schulen und Mausoleen. Zwei für die sufische Gemeinschaft der Naqschbandi wichtige Meister sind dort begraben. Die Stadt wurde bis zur Eroberung durch das Russische Reich im 19. Jahrhundert islamisch regiert. Im Jahr 1925 wurde sie für fünf Jahre die erste Hauptstadt der neu gegründeten Usbekischen Sozialistischen Sowjetrepublik, danach war es Taschkent.

Und was wird in der Oranienstraße serviert? Mandy, gedämpfte Teigtaschen mit Rindfleisch, Kürbis und Spinat; Samsa, gebackene Teigtaschen, sowie Okroschka, eine kalte Suppe aus Joghurt, gekochtem Ei, Hühnerfleisch und viel Dill. Der Ingwer-Honig-Minz-Tee wird aus Schalen getrunken. Was es nicht gibt, sind Schweinefleisch und alkoholische Getränke.

Im letzten Ramadan warb das Restaurant auf Usbekisch und Englisch für frisches Essen aus Zutaten, die halal sind, sowie dafür, das abendliche Fastenbrechen Iftar bei ihnen zu begehen: »*We will be happy to share these beautiful warm days of the holy month with you so that you can enjoy traditional and delicious meals with family and friends.*«

Adresse Oranienstraße 187, 10999 Berlin-Kreuzberg | **ÖPNV** U-Bahn U1, U3, U8, Haltestelle Kottbusser Tor; Bus M29, Haltestelle Rio-Reiser-Platz | **Tipp** Für lokalgeschichtlich Interessierte ist das FHXB Museum bestens geeignet.

92 Der Tiergarten

Muslimisch, jüdisch, schwul in den 1920er Jahren

Unter den vielen Spaziergängern im Tiergarten befanden sich um 1900 herum die Freunde Hugo Marcus und Magnus Hirschfeld. Beide gehörten dem Wissenschaftlich-humanitären Komitee an, der weltweit ersten Organisation für die Rechte Homosexueller. Der Mediziner Hirschfeld wird 1919 das Institut für Sexualwissenschaft eröffnen, Marcus zum Vordenker der Berliner Moscheegemeinde werden.

Hugo Marcus (1880–1966) stammte aus einer jüdischen Familie und betrat den Kreis der Lahore-Ahmadiyya-Gemeinde nach dem Ersten Weltkrieg zunächst als Privatdozent. Er unterrichtete indische Studenten, die nach Berlin gekommen waren, weil die Stadt als weltoffen und islamfreundlich galt und das Leben hier günstig war. Der Schriftsteller und Philosoph Marcus fand im Islam eine weltweite Gemeinschaft, in der er sich wohlfühlte. Er konvertierte 1925, nahm den Namen Hamid an und blieb gleichzeitig Mitglied der jüdischen Gemeinde. Ebenfalls 1925 gestaltete er mit Hirschfeld eine Petition, die die Aufhebung des Paragrafen 175 zum Verbot homosexueller Handlungen zum Ziel hatte.

Noch bevor Marcus konvertierte, hatte ihn die Ahmadiyya als Herausgeber aller deutschsprachigen Veröffentlichungen auf Lebenszeit angestellt. Er saß der Deutsch-Muslimischen Gesellschaft vor und arbeitete in der Zeitschrift »Moslemische Revue« die Bedeutung eines einheimischen Islam heraus, der auf Goethes Art aufzufassen sei und zur deutschen Kulturgeschichte gehöre.

1939 wurde Marcus ins Konzentrationslager Sachsenhausen deportiert. Dank des Berliner Ahmadiyya-Imams Muhammad Abdullah kam er bald frei. Dieser hatte für ihn albanische und indische Visa besorgt, einen Transit durch die Schweiz organisiert und ihm angeboten, in Lahore zu leben und zu arbeiten. Die Unterstützungszahlungen der Gemeinde stoppten erst 1957, nachdem die Entschädigungszahlungen an Marcus geregelt waren. Er lebte bis zu seinem Tod in der Schweiz.

Adresse südöstlicher Tiergarten, Ebertstraße 18, 10117 Berlin-Mitte | **ÖPNV** U-Bahn U5, Haltestelle Brandenburger Tor; S-Bahn S2, S25, S26, Haltestelle Potsdamer Platz; Bus M41, Haltestelle S Potsdamer Platz/Voßstraße | **Tipp** Im Park befinden sich das Denkmal für die im Nationalsozialismus verfolgten Homosexuellen und das Denkmal für die von Nazideutschland ermordeten Sinti und Roma Europas. Gegenüber liegt das Denkmal für die ermordeten Juden Europas.

93 Der Tod des Demonstranten

Vor und nach der Islamischen Revolution

In Berlin protestierten im Jahr 1967 zahlreiche Studenten gegen den Staatsbesuch des persischen Schahs Mohammad Reza Pahlavi. Mit ungekannter Brutalität ging die Polizei gegen die Demonstranten vor. Auf der Kundgebung am 2. Juni 1967 erschoss der Polizist Karl-Heinz Kurras den Studenten Benno Ohnesorg. »Sein Tod war ein Signal für die beginnende studentische Bewegung und außerparlamentarische Bewegung, die ihren Protest gegen Ausbeutung und Unterdrückung besonders in den Ländern der Dritten Welt mit dem Kampf um radikale Demokratisierung im eigenen Land verband«, steht unter dem von Alfred Hrdlicka 1971 angefertigten Relief »Der Tod des Demonstranten«.

Der Schah galt als korrupt und eng mit den USA verbunden. Durch einen vom britischen und amerikanischen Geheimdienst organisierten Staatsstreich war der iranische Premierminister Mohammad Mossadegh 1953 gestürzt und die monarchische Herrschaft des Schahs gestärkt worden. Zuvor hatte Mossadegh mit Unterstützung des iranischen Parlaments die Anglo-Iranian Oil Company verstaatlicht, was den Iranern Hoffnung auf eine gerechte Verteilung des Ölreichtums gab. Der amerikanisch-britische Putsch stellte die Antwort auf diesen Akt der Selbstbestimmung dar. Er sollte verhindern, dass andere Ölstaaten in der Region auf die Idee kämen, dem iranischen Beispiel zu folgen. Die Demonstration in Berlin galt dieser Politik der Einmischung.

Die Revolution 1979 und die anschließende Gründung der Islamischen Republik Iran können als Langzeitfolgen der politischen Einflussnahme verstanden werden. Bald entwickelte sich die Republik selbst zu einem autoritären Regime. Mutige Demonstrationen gegen die brutal durchgesetzte Überwachung der Sitten sowie politische Unterdrückung sind seither im Iran immer wieder an der Tagesordnung.

Adresse Bismarckstraße 35, 10627 Berlin-Charlottenburg | ÖPNV U-Bahn U2, Haltestelle Deutsche Oper | Tipp Die Teppichgalerie an der Oper auf der gegenüberliegenden Straßenseite verkauft »Orientteppiche«.

94_Das Torath

Geistige und geistliche Verbindung nach al-Najaf

Nicht immer saß Torath in dem riesigen Haus mit dunklen Marmorböden und Natursteinwänden, ehemals Sitz von Grünig Zigaretten. Es begann vielmehr mit privaten Treffen in den Wohnungen von Gemeindemitgliedern. Damals, vor etwa 20 Jahren, zog der aus Ägypten stammende schiitische Gelehrte Mohamed Amer als Gründer und Leiter von Torath kreuz und quer durch Berlin. Gemütlich war es in der bunt gemischten Gruppe mit Deutsch als gemeinsamer Sprache, erinnert sich Maximilian Vogt, der den deutschen Teil der Gemeinde leitet.

Einige Jahre später boten Vertreter Sayyid Ali al-Sistanis, des bedeutendsten schiitischen Geistlichen im Irak und darüber hinaus, an, in Berlin ein Zentrum einzurichten. Als Großajatollah leitet er die religiöse Hochschule in al-Najaf und ist weltweit für Zwölfer-Schiiten – die zwölf Imame als rechtmäßige Nachfolger Muhammads ansehen – ein »marja«, eine »Quelle der Nachahmung«. Das heißt, sie können religiöse Fragen an ihn richten und seiner Rechtsauslegung folgen. Politisch tritt er pragmatisch auf und lehnt eine islamische Regierung ab. Für seinen mäßigenden Einsatz im kriegsgebeutelten Irak schlug ihn die »New York Times« 2005 für den Friedensnobelpreis vor.

Die Geistlichkeit in al-Najaf sah im Zentrum Torath die Möglichkeit, ein deutsches Verbindungsbüro zu etablieren. Nachdem die Gemeinde offiziell von al-Sistani anerkannt worden war, schlossen sich ihr viele Berliner Iraker an, bis heute gibt es einen deutsch- und einen arabischsprachigen Teil.

Die Zeit der Zwischenstationen in Mietwohnungen ist endgültig vorbei. Das jetzige Gelände wurde gekauft und 2012 bezogen. Derzeit entstehen ein Gemeindezentrum mit überglastem Mehrzwecksaal sowie eine Kita. Von Anfang an hegte Torath den Wunsch nach gesellschaftlicher Teilhabe. Zu seinen Grundsätzen gehört, sich selbst nicht fremd zu machen, sondern verstehbar zu sein und selbst zu verstehen.

Adresse Harzer Straße 51–52, 12059 Berlin-Treptow | ÖPNV Bus M41, Haltestelle Hertzbergplatz; Bus 171, Haltestelle Brockenstraße | Tipp Unweit liegt in einem urigen Hinterhof in der Elsenstraße die Bio-Bäckerei endorphina mit Café.

95 Die ufaFabrik

»Komm, komm, wer immer du bist, komm!«

Die offene Einladung gilt. Alle am Sufi-Islam Interessierten oder einfach Neugierige werden freundlich empfangen, getragen von der Überzeugung, dass ein Schicksalsbuch für das Leben jedes Menschen existiert, jeder Atemzug darin aufgezeichnet ist. »Maktub«, »aufgeschrieben«, lautet der arabische Begriff dafür. Gott hat sie also als Reisende auf dem Weg zu ihm hierhergeschickt, in den freundlich gestalteten Raum im Nachbarschaftszentrum: deutsche, südafrikanische, pakistanische, türkische und ägyptische Gläubige, aber auch eine Iranerin, die nur den drehenden Derwisch erleben möchte, und eine Chinesin, die dachte, es werde einfach meditiert. Mit Gleichmut werden alle integriert, bekommen Tee und lauschen den Erzählungen Hacı Emres, eines Bruders des Naqschbandi-Ordens.

Sein spiritueller Vortrag mit Gespräch heißt »sohba«, während »dhikr« die Rituale bezeichnet, mit denen Gläubige Gott gedenken und ihm näherkommen. Diese Meditationen können rhythmisch wiederholte Gebete sein, das Drehen des Derwischs oder die atembasierte »stille Herzmeditation«. Das Herz spielt ohnehin eine zentrale Rolle. Der Mensch muss in sein Herz eintreten, um bei Gott zu sein, muss sein Ego überwinden. Zuhören ist das Fundament auf diesem sufischen Weg: dem Takt der Schöpfung zuhören, dem Gotteslob von Lebewesen. Die Ohren, aber auch Augen und Atem auf das Herz ausrichten.

»Kommt vorbei und lernt, wer ihr seid«, lädt das Sufi-Zentrum Rabbaniyya monatlich zum Weg der Selbsterkenntnis in die ufaFabrik ein. Bis 2014 war der Hauptsitz des Zentrums in Neukölln, dann zog es in die Nähe des Bodensees und gründete Sufiland. Dem gesellschaftlich engagierten Naqschbandi-Orden zugehörig, wird es auch als Repräsentant des Sufismus wahrgenommen. Und tatsächlich sind die Naqschbandi seit Herbst 2022 mitten in Berlin im Humboldt Forum mit einer Ausstellung zum »mystischen Islam« vertreten.

Adresse Viktoriastraße 10–18, 12105 Berlin-Tempelhof | ÖPNV U-Bahn U6, Haltestelle Ullsteinstraße; Bus 170, 184, 246, Haltestelle Attilaplatz | Öffnungszeiten ufaFabrik täglich 10–19 Uhr, Sufi-Abende 1. Freitag im Monat | Tipp Der Hafen Tempelhof mit Geschäften und Gastronomie verbreitet Industriechic.

96 Das Urban

Rauer Charme im Baudenkmal

Das Vivantes Klinikum Am Urban öffnet sich v-förmig zum belebten Ufer am Landwehrkanal. Der Architekt und Professor für Krankenhausbau, Peter Poelzig, trat dafür ein, Krankenhäuser im Stadtraum zu halten.

Das Urban ist eine Kiezeinrichtung. Jeder kennt eine Geschichte aus der Rettungsstelle oder von Begegnungen vor dem Krankenhaus. Hier leben viele muslimische Berliner, entsprechend ist die Patientenstruktur. Das Personal ist äußerst interkulturell. Die interreligiöse Seelsorge aber steckt noch in den Anfängen, derzeit stehen ein evangelischer und ein katholischer Seelsorger zur Unterstützung bereit. Vor Kurzem kam ein Imam auf sie zu und hinterließ seine Telefonnummer. Gleich in der Woche drauf nahm ihn ein Patient in Anspruch. Der Bedarf ist da, man arbeitet am Aufbau.

Tatsächlich gibt es seit Jahren einen kleinen Gebetsraum für Muslime, ein helles Durchgangszimmer auf dem Weg zur Dachterrasse. Hinter der deutsch und arabisch beschrifteten Tür liegen einige Gebetsteppiche, es gibt einen Koranständer und Zimmerpflanzen. Der Blick durch die Terrassentür richtet sich gen Norden, entgegengesetzt der nach Mekka vorgeschriebenen Gebetsrichtung. Dieser nur für Patienten zugängliche Ort ist von der Komfortstation übrig geblieben, die eine Zeit lang im neunten Stock internationale Medizintouristen auch von der Arabischen Halbinsel empfing. Spätestens mit Corona war das vorbei, die zentrale Abteilung für internationale Patienten wurde aufgelöst. Geblieben sind vielsprachige Willkommensgrüße und dieser Gebetsraum.

Im Urban gibt es, anders als in den anderen Häusern des Krankenhauskonzerns, keinen überkonfessionellen Raum der Stille. Der Leitung im Kreuzberger Krankenhaus ist das Thema bewusst, leider herrsche Raumnot. Nicht überall ist solch ein Raum schön eingerichtet, nicht überall hoch frequentiert, aber es gibt ihn. In einem trubligen Haus wie dem Urban wäre er willkommen.

Adresse Dieffenbachstraße 1, 10967 Berlin-Kreuzberg | ÖPNV Bus M41, Haltestelle Klinikum Am Urban | Tipp Wer nicht auf den Wiesen am Kanalufer sitzen möchte, findet Platz im und auf dem Restaurantschiff van Loon.

97 Die Villa des Muftis

Islamische Propaganda im Nationalsozialismus

Im April 1941 besetzten und teilten die Achsenmächte – das Deutsche Reich, das Königreich Italien und das Japanische Kaiserreich – das Königreich Jugoslawien. Viele Muslime der Region, darunter lokale Eliten und Landbesitzer, begrüßten das zunächst. Sie erhofften sich eine erneute Veränderung von Machtverhältnissen auf dem Balkan, die sich seit dem Berliner Kongress zu ihren Ungunsten verschoben hatten.

Im selben Jahr suchte der Großmufti von Jerusalem Amin al-Husaini (1895–1974) Zuflucht in Berlin, da er von der britischen Mandatsmacht in Palästina wegen Hassreden gegen Juden und antizionistischen Aktivitäten verurteilt worden war. Aus dem gleichen Grund wurde er von Hitler mit offenen Armen empfangen. Als Residenz erhielt der Mufti die Villa einer jüdischen Familie in der Nähe des Schlachtensees. Die Familienmitglieder waren deportiert worden. Das Haus wurde, wie viele andere in den Bezirken Wilmersdorf und Zehlendorf, »arisiert«.

Was wie ein zufälliges Zusammentreffen historischer Ereignisse aussieht, stellt eine komplexe Verflechtungsgeschichte dar. Ein Knoten dieser Geschichte ist die Rassentheorie der Deutschen mit dem Ziel, alles »Fremdrassige« zu vernichten. Ein weiterer ist der panislamische Kampf gegen die britische Kolonialherrschaft in Indien und im Nahen Osten. Er schloss den Widerstand gegen die Gründung eines jüdischen Staates in Palästina ein.

Man tat sich also zusammen. Der Großmufti, nach der Abschaffung des Kalifats 1924 oberste Autorität für alle Muslime in Palästina, nahm wissentlich in Kauf, dass die Deutschen Menschen sterilisierten, internierten und in Konzentrationslagern töteten. Seine von der SS organisierte Propaganda-Tour durch Bosnien-Herzegowina 1943 diente der Rekrutierung für den »Endsieg«. Andere Muslime kämpften in kommunistischen oder auch national gesinnten Widerstandsgruppen gegen die Faschisten.

Adresse Goethestraße 27, 14163 Berlin-Zehlendorf | ÖPNV S-Bahn S1 und Bus 118, 622, Haltestelle Mexikoplatz | Tipp Das Haus am Waldsee liegt nah und zeigt wechselnde zeitgenössische Kunstausstellungen.

98 Die Weltzeituhr

Eine Zeit- und Raummaschine am Alexanderplatz

Es gibt den Begriff »DDR-Moderne«, der die eigenwillige Nachkriegsarchitektur im Osten des geteilten Deutschlands bezeichnet. Sie hat zu zwei der interessantesten Nachlässe des untergegangenen Landes geführt: dem Berliner Fernsehturm und der Weltzeituhr, beide zum 20. Jahrestag der Republik 1969 eingeweiht.

Wirklich eigen, diese Uhr. Sie will Weltzeit abbilden und den Raum der Welt gleich mit. Futuristisches Silber ist die vorherrschende Farbe, rundherum goldene Zahlen auf Regenbogen. Oben die filigrane Krone des Rundbaus – unser Sonnensystem. Es dreht sich, recht schnell sogar.

Die Zeitzahlen hingegen ziehen langsam vorbei. Ein Kästchen pro Stunde, 24 Stunden, um über die angeführten Städte, Länder und Weltgegenden nachzudenken, 146 an der Zahl. Wie hat man sich das gedacht? Sind hier hauptsächlich »Bruderstaaten« abgebildet? Mitnichten. Wir stehen davor und suchen nach »muslimischen Kulturen und Gesellschaften«, wie es heute heißt. Für die DDR gab es nur sozialistische, kapitalistische und nichtpaktgebundene Staaten.

Die Anzahl sozialistischer Hauptstädte mit mehrheitlich muslimischer Bevölkerung war nicht so klein wie gedacht: Bamako und Dakar in Westafrika, Daressalam in Ostafrika. Kairo und Tunis in Nordafrika. Aden und Damaskus im Nahen Osten. Kabul in Mittelasien. Duschanbe und Taschkent als städtische Vertreterinnen muslimisch geprägter Sowjetrepubliken. Jakarta, die Hauptstadt Indonesiens, das bis Mitte der 1960er Jahre einen sozialistischen Weg ging. New Delhi, in dieser Kategorisierung atypisch, aber durchaus relevant als Hauptstadt der weltgrößten Demokratie. Indien war bis 1991 ein Land des gemäßigten Sozialismus und zählt heute mit circa 170 Millionen Muslimen die weltweit drittgrößte Anzahl nach Indonesien und Pakistan. In Europa wäre Tirana zu nennen, die Hauptstadt Albaniens. Doch der Balkan ist auf der Uhr nur durch Belgrad repräsentiert.

Adresse Alexanderplatz 1, 10178 Berlin-Mitte | ÖPNV U-Bahn U2, U5, U8 und S-Bahn S3, S5, S7, S9, Haltestelle Alexanderplatz | Tipp Das Relief am Haus des Lehrers ist sehenswert.

99 »Die Wühlmäuse«

Im Dickicht des Datteltäter-Satirekalifats

Ein etablierter Ort des Kabaretts erzählt vom Islam? Ja. Als Bühne für ihr Live-Programm »Das islamische EmpÖrium schlägt zurück« wählen die Datteltäter das Berliner Kabarett-Theater. Es gehört Didi Hallervorden, früher ein Nonsens-Meister und westdeutscher Fernsehheld.

Der Islam gilt manchen als humorlos, so die Vorwürfe, wenn es zum Beispiel um Karikaturen des Propheten Muhammad geht. Aber dann sind da die Datteltäter, die mit ihrem anarchischen Humor ganz unpädagogisch mit Vorurteilen aufräumen. Im Namen steckt die Dattel, mit der das Fasten im Ramadan gebrochen wird, sowie der Täter. Vielleicht auch Attentäter. Der Name fiel zunächst im Spaß unter Freunden, die 2014/15 die ersten Videos drehten. Damals blühte die rassistische, antimuslimische Pegida-Bewegung auf, und die Freunde dachten: Humor-Gegenangriff! Ihre YouTube-Videos kamen gut an, sie sprachen auf eine neue Art zur eigenen Community. Dann trat das junge ARD- und ZDF-Netzwerk Funk an die Initiative heran, seitdem produziert das Team am laufenden Band im Auftrag des öffentlich-rechtlichen Rundfunks. Am anderen Ende auf dessen Skala von Medienformaten mit Islambezug befindet sich das Projekt »Koran erklärt«. Darin ließ der Deutschlandfunk von 2015 bis 2018 hochseriös, zuweilen abgehoben, in jedem Fall theologisch ernsthaft, Koranverse erläutern.

Das Repertoire der Datteltäter reicht von Satire bis zum sozialen Experiment, von Clips bis zu längeren Videos. Mit kreativer Intelligenz werden Stereotype seziert und auch Muslime richtig aufs Korn genommen. Viele Anregungen und Geschichten kommen aus der Community. Noch die naivsten Fragen werden aufgegriffen und illustriert, oft absurd überzeichnet. Es wird sichtbar, wie nervig es ist, als Muslim oder Person mit Migrationsgeschichte immer wieder mit Terror und negativen Klischees in Verbindung gebracht zu werden. Lachen ist kathartisch. Und ansteckend.

Adresse Kabarett-Theater Die Wühlmäuse, Pommernallee 2–4, 14052 Berlin-Charlottenburg | ÖPNV U-Bahn U2 und Bus M49, Haltestelle Theodor-Heuss-Platz | Tipp Die beeindruckende alte Abhörstation auf dem Teufelsberg im Grunewald liegt nicht allzu weit entfernt.

100 Die Xhamia Isa Beu

Ein Gemeinde- und Kulturzentrum auf vier Etagen

Ein Samstag. Die albanische Moschee in Neukölln verwandelt sich in eine Denkfabrik für junge Muslime in Berlin: Wie stellen sie sich ihre Moscheen in zehn Jahren vor, wie soll die Schule der Zukunft aussehen, und wie baut man geschützte Jugendräume? Berliner Imame und Expertinnen sind anwesend, um mit den Jugendlichen über Gott und die Welt zu reden. Mitorganisiert hat diesen Tag Juanita Villamor, die auch »Muslimische DiaLogen« und den innovativen, vom Senat für Kultur und Europa geförderten »Rat der Imame« verantwortet.

Die 2015 mit Spendengeldern gebaute dreistöckige Isa-Beu-Moschee, mit einer Kuppel aus Glas im hinteren Teil, eignet sich hervorragend für größere Veranstaltungen, sagt die studierte Religionswissenschaftlerin. Auch dem 23-jährigen Rakip sieht man bei der Hausführung an, dass er sich in den hellen Räumen wohlfühlt. Er kam 2006 aus Tetovo in Nordmazedonien nach Berlin und hat gerade ein technisches Studium abgeschlossen. Seit er neun ist, geht er bei Imam Remzi Xhaferi zum Unterricht, samstags Arabisch, sonntags Koranauslegung. Gesprochen wird dort Hochalbanisch, das man in Montenegro, im Kosovo, in Nordmazedonien und Albanien versteht, zu Hause spricht er einen mazedonischen Dialekt und Deutsch.

Mazedonien gehörte, wie das 1912 gegründete Albanien, circa 500 Jahre zum Osmanischen Reich. In der Region gibt es daher viele sunnitische Muslime, aber auch viele Christen unterschiedlicher Konfessionen. Und dies, obwohl zum Beispiel der kommunistische albanische Staat von 1967 bis 1990 Religionsausübung streng verboten hatte.

Einen neuen Typus Moschee auf vier Etagen hat sich der Architekt in Berlin einfallen lassen, um den Bau den Vorgaben des Senats entsprechend stilistisch an die Nachbargebäude anzupassen sowie genug Platz für Seminare und das Gebet einzuräumen. Von der Straße aus ist die Moschee als solche nur am Schild erkennbar.

Adresse Silbersteinstraße 60, 12051 Berlin-Neukölln | ÖPNV U-Bahn U8 und S-Bahn S8, S41, S42, S45, S46, Haltestelle Hermannstraße; Bus 246, Haltestelle Hermannstraße/Silbersteinstraße | Öffnungszeiten Führungen nach Anmeldung, www.isa-beu-moschee.de | Tipp Die kleine kurdische Mezopotamya-Moschee steht zwei Häuser weiter.

101 Die Zentralmoschee Spandau

Strenge Hierarchie trifft sinnliche Gottesliebe

Vergleicht man die zwölf Berliner Bezirke nach der Anzahl von Gebetsräumen, so liegt Spandau auf Platz fünf. Das heißt, es gibt hier weniger praktizierende Muslime als in Mitte, aber mehr als zum Beispiel in Steglitz-Zehlendorf. Eine der Moscheen steht frei: die jüngst erweiterte Spandauer Zentralmoschee oder auch Große Moschee, »Büyük Camii«. Sie hat drei Kuppeln, kommt aber ohne Minarett aus. Innen ist sie hell und geräumig auf zwei Etagen. Zentralmoschee, der Name hat mit der Verwaltungsstruktur zu tun, erläutert einer der jungen Imame. Der Verband der Islamischen Kulturzentren (VIKZ) hat hier seine Berliner Zentrale.

Der hierarchisch aufgebaute sunnitische VIKZ mit Orientierung zum sufischen Islam der Nakschbendi wurde 1973 in Köln und 1976 in Berlin gegründet. Er ist der älteste von vier sunnitischen Dachverbänden Deutschlands und heute einer der mitgliederstärksten der Hauptstadt. Als Arbeiter aus der Türkei in den 1970er Jahren Räume zum Beten suchten, konnten sie keine islamischen Gemeinden gründen, da es die rechtliche Kategorie nicht gab. Die Anerkennung als Körperschaft öffentlichen Rechts, wie bei den christlichen Kirchen üblich, steht bis heute aus.

So erklärt sich, warum viele muslimische Organisationen in Deutschland »Kulturzentrum« im Namen tragen. Irreführend, aber auch nicht ganz falsch. Der VIKZ organisiert neben dem Gebet Meditationen, gemeinschaftliche Rezitation und Gesprächskreise sowie die rituellen Feste und die Pilgerfahrt, bietet Bildungsarbeit auf verschiedenen Niveaus an. Er bildet seine Islam-Lehrer selbst aus. Der Imam der Spandauer Zentralmoschee, der in Stuttgart geboren wurde und aufgewachsen ist, hat diese fünfjährige Ausbildung durchlaufen und ist heute froh, mit seinem Wissen für die Menschen da sein zu können, statt irgendwo an einem Schreibtisch zu sitzen.

Adresse Seeburger Straße 90, 13581 Berlin-Spandau | ÖPNV Bus M37, Haltestelle Krumme Gärten | Tipp Nebenan gibt es den russischen Lebensmittelladen Globus.

102 Die Zigarettenfabrik

Als das Rauchen gesellschaftsfähig war

Die Berliner 1920er Jahre sind zu einem beliebten Literatur- und Filmthema geworden und mit ihnen die Vorstellung elegant gekleideter, rauchender Männer und Frauen in Cafés und Bars. So oder so ähnlich muss es tatsächlich gewesen sein in der damaligen Weltstadt, dem Zentrum deutscher Zigarettenindustrie.

Die ehemalige Fabrik von Josef Gabárty-Rosenthal und seiner Frau Rosa Rahel ist heute denkmalgeschützte Industriekultur. In den 1880er Jahren gründeten sie ihr Unternehmen und stellten Zigaretten ägyptischer Art her. So bezeichnete man die heute gängige Sorte mit hellerem Tabak. Zu den Gabárty-Marken gehörten »Königin von Saba« und »Gabárty Kalif«. Eine andere Berliner Fabrik stellte »Moslem«-Zigaretten her, auf deren Packung ein rauchender Herr mit schwarzem Schnurrbart, dunklen Augen und rotem Fez prangte. Aus Hamburg kam »Mossul«, aus Dresden »Salem«: Die Zigarettenkultur orientierte sich gen Osten.

Gabárty ließ für sein erfolgreiches, wachsendes Unternehmen ab 1906 eine ganze Fabrikanlage in Pankow bauen. Die Produktion lief auf hochmodernen Anlagen, die Arbeitsbedingungen galten als vorbildlich. Neben der Betriebskantine und Pausenräumen gab es eine eigene Badeanstalt und Bibliothek, einen Betriebschor und eine Zeitung. 1931 arbeiteten hier fast 1.600 Beschäftigte.

Heute erinnert der Gabártyplatz an der Bahnstation Pankow an ihn. »Josef Gabárty, geb. 1850, gest. 1939«, steht auf dem Straßenschild, »sozial engagierter Pankower Fabrikant«. Die jüdische Familie wurde 1938 zwangsenteignet, Josef Gabárty starb ein Jahr später und liegt auf dem Jüdischen Friedhof in Berlin-Weißensee begraben. In der DDR wurden in der Fabrik weiter Zigaretten produziert, einige Jahre nach der Wiedervereinigung musste das Werk schließen. Zuletzt entstanden schicke Wohnungen im kernsanierten Industriedenkmal, bis heute bezeugt ein restaurierter Jugendstil-Eingang seine Geschichte.

Adresse Hadlichstraße 19/20, 13187 Berlin-Pankow | **ÖPNV** U-Bahn U2 und S-Bahn S1, S2, S8, S85, Haltestelle Pankow | **Tipp** Der Schlosspark Pankow ist zum Entspannen angelegt.

103 Der Zoologische Garten

Eine Kulisse für »Tripolis in Berlin«

Der Berliner Zoo eröffnete 1844. Der älteste noch erhaltene Bau ist das Antilopenhaus in orientalisierendem Stil mit minarettähnlichen Aufbauten. Ebenfalls unverkennbar östlich mutet das weiß getünchte Ensemble von Zebrahaus und kuppelförmigem Turm des Wildpferdhauses an. Damals, vor über 150 Jahren, gingen Zoodirektoren dazu über, Tiere nach Weltteilen geordnet auszustellen und deren Herkunft architektonisch zu markieren.

Ein derart geografisch strukturierter Zoo bereitete auch »Völkerschauen« den Weg, die in Deutschland allen voran Carl Hagenbeck betrieb. Der Berliner Zoo war bis 1952 Bühne für diese Form kolonialpolitischer Propaganda, die Menschen in Gruppen einteilte und hierarchisierte. Körpervermessungen und andere erniedrigende »wissenschaftliche« Untersuchungen mit rassistischen Vorannahmen legitimierten die Schauen.

Im Jahr 1927 fand hier »Tripolis in Berlin« statt. Menschliche Darsteller führten täglich beispielsweise Hochzeitszeremonien auf. Vom Minarett einer kleinen Moschee ertönten Gebetsrufe. Die Moschee war ein Ergebnis von Protesten im Vorfeld, eine der Forderungen antikolonialer und muslimischer Gruppen in Berlin. Diese hatten ein Schreiben an Außenminister Gustav Stresemann gerichtet. Darin wandten sie sich gegen die Entstellung ritueller Handlungen des Islam, die ihre Gefühle verletzen, bei der deutschen Öffentlichkeit ein falsches Bild hervorrufen und nicht zuletzt in der islamischen Welt Empörung auslösen würde. Das Auswärtige Amt ging darauf ein und ließ die Moschee bauen. Die italienische Kolonialmacht in Libyen wiederum stellte Bedingungen für die Ausreise der Darsteller, denen man auch nachkam.

»Tripolitaner im Zoo« heißen die Tonaufnahmen im Berliner Phonogrammarchiv, die Robert Lachmann damals anfertigte, der Musikethnologe, der zehn Jahre zuvor im Wünsdorfer Halbmondlager gelernt hatte, Stimmen auf Wachswalzen zu konservieren.

Adresse Hardenbergplatz 8, 10787 Berlin-Tiergarten | ÖPNV U-Bahn U2, U9 und S Bahn S3, S5, S7, S9, Haltestelle Zoologischer Garten | Öffnungszeiten täglich 9–16.30/18.30 Uhr, je nach Jahreszeit | Tipp Von der Monkey Bar im zehnten Stock im Bikini Haus blickt man auf die Stadt und den Zoo.

104 Das Gut Gentzrode

Ein »Oasen-Chateau« im Brandenburger Wald

Wenige Kilometer nördlich von Neuruppin liegt versteckt das Gut Gentzrode – eine weitläufige Anlage im Stil des orientalisierenden Historismus. Gutshaus, Kornspeicher, Stall- und Verwaltungsgebäude sowie Park sind denkmalgeschützt und verfielen lange Zeit. Nach dem Abzug der Roten Armee standen die Gebäude leer, und der Ort wurde zum Geheimtipp. 2010 kauften türkische Unternehmer das Gut und wollten das größte Golf- und Freizeitresort Europas aufbauen. Stattdessen zerfielen die Gebäude weiter und landeten auf einer Roten Liste für Baudenkmäler: »Akute Gefährdung!« Erst seit 2020 tut sich endlich etwas.

Die Kaufmannsfamilie Gentz war mit Torfhandel reich geworden und wollte – nachdem sie bereits den Neuruppiner Tempelgarten gekauft und umgestaltet hatte – Gentzrode zum Familiensitz und landwirtschaftlichen Musterbetrieb machen. Dazu engagierte Alexander Gentz mehrere Architekten, darunter Martin Gropius. Ein anderer Prominenter, Theodor Fontane, ging als Freund der Familie im Gutshaus ein und aus und nannte es einmal »Oasen-Chateau«. In seinen »Wanderungen durch die Mark Brandenburg« hielt er detailliert die Entstehungsgeschichte des Guts fest sowie dessen Niedergang, nachdem sich Gentz finanziell übernommen hatte.

Die Familien Fontane und Gentz waren in Neuruppin Nachbarn gewesen, Theodor Fontane und Wilhelm Gentz spielten als Kinder miteinander. Gentz studierte später Malerei und bereiste Mitte des 19. Jahrhunderts unter anderem Ägypten und Palästina. Er veröffentlichte Briefe von diesen Reisen und war im Auftrag des preußischen Königshauses zur Eröffnung des Suezkanals 1869 in Ägypten.

In den 1850er Jahren boomte der Orientalismus in den europäischen Künsten. Islam und orientalisierende Künste hängen insofern zusammen, als sich letztere der Formensprache islamischer Ästhetik bedienen, diese allerdings von ihrer Glaubens- und Lebenspraxis trennen.

Adresse Gut Gentzrode, 16816 Neuruppin | ÖPNV mit der Bahn bis Neuruppin Rheinsberger Tor, dann sieben Kilometer mit dem Fahrrad | Tipp Es gibt einige schöne Badeseen in der Nähe.

105 Der Tempelgarten

Reicher Torfhändler goes oriental

Mitten in den beschaulichen Straßen der Fontanestadt Neuruppin ragt plötzlich ein Minarett auf, daneben ein formschönes Tor, das an arabische Städte erinnert. Es ist der Eingang zu einem ummauerten Park, ein Kleinod preußischer Orient-Architektur mit alten Mammutbäumen und Rotbuchen.

Die Neuruppiner Familie Gentz, im 19. Jahrhundert mit Torfhandel reich geworden, erwarb den Garten 1853 und veranlasste die Umgestaltung. Der Park war damals bereits 120 Jahre alt, Kronprinz Friedrich (später »der Große«) hatte ihn anlegen lassen. Alexander Gentz wiederum wollte ihn zu einem bleibenden Denkmal machen und engagierte mit Carl von Diebitsch einen begehrten Experten für orientalisierende Architektur. So erhielt der Tempelgarten seine heutige Gestalt, inklusive der Villa, deren Innenausstattung überwiegend original erhalten ist und beim Kaffee oder Abendessen bewundert werden kann.

Als Gentz in wirtschaftlichen Ruin geriet, weil Kohle den Brennstoff Torf ablöste, verkaufte er den Garten. Nach der deutschen Wiedervereinigung ging er in die Hand der Neuruppiner Stadtverwaltung über. Ein Verein engagierter Neuruppiner kümmert sich heute um den Erhalt und eine kulturelle Nutzung.

Und das Minarett? Es ist nicht Teil einer Moschee, sondern gehört zum Gärtnerhaus, das auf einem Modell vermerkt ist als »Stall mit Minarett«. Übertragen ins Hier und Jetzt wäre das wie »Garage mit Kirchturm«. Irgendwie merkwürdig. Und tatsächlich: Die Art, wie sich europäische Künste einer islamischen Formensprache bedienten und dazu beitrugen, »den Orient« als Gegenbild zum Westen zu kreieren, ist nicht mehr nur naiv zu bewundern, seit der Literaturwissenschaftler Edward Said in den 1970er Jahren seine Kritik am Orientalismus formulierte. Andererseits: Ein Minarett gilt als architektonische Verkörperung des Gebetsrufs. Insofern ist der Islam hier präsent, ohne gemeint zu sein.

Adresse Präsidentenstraße 64, 16816 Neuruppin | ÖPNV Bahn RE6 bis Neuruppin West | Öffnungszeiten im Sommer 9–20 Uhr, im Winter 9–17 Uhr | Tipp Luxuriös entspannen in der Fontane Therme mit Seesauna.

106 Das Dampfmaschinenhaus

Wann ist eine Moschee eine Moschee?

Die Moschee ist aus dem Zug heraus zu sehen, von Berlin kommend, kurz hinter dem Potsdamer Bahnhof, am gegenüberliegenden Ufer in der Havelbucht. Man könnte sie für eine Fata Morgana halten, mitten in Potsdam. Tatsächlich handelt es sich um ein historisches Dampfmaschinenhaus. Dass technische Funktion und ästhetische Gestaltung derart auseinanderfallen, drückt sich auf Wegweisern so aus: »Pumpwerk (Moschee)«. Und doch steht fest: Das ist weder Moschee noch optische Täuschung, auch nicht in flirrender Sommerhitze.

Der orientbegeisterte König Friedrich Wilhelm IV. wollte ein »nach Art der türkischen Moscheen mit einem Minarett als Schornstein« gebautes Pumpwerk, das die Fontänen im Schlosspark Sanssouci in ungekannte Höhen steigen lassen sollte. Architekt Ludwig Persius entwarf das Gebäude im maurischen Stil-Mix, es entstand 1841 bis 1843 und war damals von Schloss Sanssouci aus sichtbar. Ein gelungener Akzent in der Architekturlandschaft, ein Signal königlicher Weltoffenheit. Heute liegt das Bauwerk an der Breiten Straße nach vorn hin wenig idyllisch. Immerhin: Einige der nahen Hochhäuser haben Anfang der 2000er Jahre ein neues Farbkonzept mit gestreiftem Außenputz erhalten, fast scheint es von der »Moschee« inspiriert zu sein, die quer gestreift weiß, tiefrot und hellblau strahlt.

2017 wurde der Bau zum »Historischen Wahrzeichen der Ingenieurbaukunst in Deutschland« erhoben, die Stadt Potsdam bewirbt das denkmalgeschützte Gebäude als die schönste Kraftanlage Preußens. Zur Inbetriebnahme war es auch die stärkste. Dass sogar das Innere dieses Funktionsbaus wie eine Moschee ausgestattet ist, scheint nur konsequent. Über eins jedoch kann der Bau trotz Halbmond auf dem Schornstein und Stilelementen islamischer Kunst nicht hinwegtäuschen: Bis heute gibt es in Brandenburg keine einzige repräsentative Moschee als Gebetsort für Muslime.

Adresse Breite Straße 28, 14471 Potsdam | ÖPNV Tram 91 und Bus 605, Haltestelle Feuerbachstraße | Öffnungszeiten Mai–Okt. jeder erste Sonntag im Monat und an Feiertagen 10–17.30 Uhr | Tipp Die Seerose, ein denkmalgeschützter Beton- und Glasbau aus den 1950er Jahren, beherbergt ein Ufercafé.

107 Das Militärwaisenhaus

Ein Gebetssaal für muslimische »Lange Kerle«

War es ein Fetisch? Wenn es darum geht, zu verstehen, weshalb Friedrich Wilhelm I. (1688–1740) eine Vorliebe für sehr große Soldaten hegte, geraten selbst Wissenschaftler ins Spekulieren. Jedenfalls: Ab 1717 wurden für das Königsregiment »Lange Kerle« angeworben und als diplomatisches Geschenk empfangen. Der wenig kunstinteressierte sogenannte Soldatenkönig überließ dem russischen Zaren Peter I. in Bündnisverhandlungen das legendäre Bernsteinzimmer und erhielt im Jahr 1718 im Gegenzug 55 hochgewachsene Gardisten. Unter ihnen war beispielsweise Shahferid Ridvanov aus Moskau (siehe Bild), mit tatarisch-muslimischer Herkunft. Für das Jahr 1739 vermerkt die Garnison-Chronik das Eintreffen von »Türken«, deren Bärte abgenommen wurden, auch hier waren Muslime des Russischen Reichs gemeint.

Die relative Toleranz Preußens hatte eine handfeste Grundlage: Fachkräftemangel. Nach Dreißigjährigem Krieg und Pestwellen war die Bevölkerung stark geschrumpft, und Friedrich Wilhelm I. brach mit dem Vorgehen, ausschließlich protestantische Siedler und Soldaten anzuwerben.

Im Militärwaisenhaus stand muslimischen Soldaten ein Saal für Gebete zur Verfügung. Sie mussten sich allerdings Protestanten, Katholiken und Christlich-Orthodoxen anpassen und am Sonntagvormittag beten. Aus ihren Reihen bestimmten sie einen Imam, der auch Ansprechpartner für Missionierungsversuche wurde. Der Prediger Paul Pintzger wandte sich dazu an das »Institutum Judaicum et Mohamedanicum« in Halle, das protestantische Texte in semitische Sprachen übersetzte. Missionarisch blieb er erfolglos.

Vermutlich haben auch vorher schon Muslime auf dem Gebiet des heutigen Deutschlands zusammen gebetet und dafür mehr oder weniger provisorisch Räume eingerichtet. Der erste dokumentierte Gebetsraum jedoch befand sich vor über 300 Jahren in Potsdam. Bilder vom Gebet wurden nicht gemalt, von den prächtigen Soldaten schon.

Adresse Lindenstraße 34, 14467 Potsdam | ÖPNV Tram 91, 92, 93, 96, Haltestelle Alter Markt/Landtag; Bus 695, Haltestelle Naturkundemuseum | Tipp Das Naturkundemuseum Potsdam mit kürzlich wiedereröffnetem Aquarium liegt gleich nebenan.

108 Das Areal am Bogensee

Westsaharische Studenten in der FDJ-Hochschule

Das große Areal liegt im Tiefschlaf – vielleicht erholt es sich von der Geschichte des 20. Jahrhunderts. Entworfen in den 1950er Jahren von Hermann Henselmann, trägt der Komplex den Charme der Karl-Marx-Allee in den märkischen Wald. Heute gehört es dem Land Berlin. Verkaufen will man es nur an Gruppen mit gemeinwohlorientiertem Konzept.

Zu DDR-Zeiten gab es hier jährliche Treffen der internationalen Jugend. Auch Sahrauis waren dabei, sagt Mohamed, der bis heute mit seiner Familie in Leipzig lebt. Seit den 1980er Jahren schickte die 1973 gegründete Befreiungsfront für die Westsahara (»Frente Polisario«) nicht nur verwundete Kämpfer zur Behandlung, sondern auch junge Leute zum Studium und zur Berufsausbildung in die DDR.

Der Reihe nach: Eigentlich sollte der Tod des spanischen Diktators Franco das endgültige Ende der europäischen Kolonialherrschaft in Afrika bedeuten, aber es kam anders. Die Gebiete Westafrikas, die Spanien auf der Kongokonferenz in Berlin 1884/85 zuteilgeworden waren, besetzten Marokko und Mauretanien 1975 unmittelbar nach dem spanischen Abzug. Sie wollten die große Wüstenregion unter sich aufteilen. Die Grenzen, so das Argument der beiden ehemals französisch kolonisierten Staaten, waren willkürlich von den Europäern gezogen worden. Es lockten ein langer fischreicher Küstenstreifen und hohe Phosphatvorkommen.

Sie hatten die Rechnung jedoch ohne die vormals nomadischen Bewohner der Westsahara gemacht, die sich schon gegen die spanische Besetzung wehrten und bis heute gegen die marokkanische.

Und wie feierten Sahrauis in der DDR das Opferfest? Mohamed lacht, weil es ungewöhnlich war: Sie besorgten sich ein Schaf in Quedlinburg, trafen sich mit Landsleuten und Studenten der Arabistik in einer Wohnung in Leipzig und ignorierten, was sonst noch zum Gelingen eines der wichtigsten Feste der Muslime gehören würde, zum Beispiel das Festgebet in der Moschee.

Adresse Areal am Bogensee, 16348 Wandlitz | **ÖPNV** mit der Bahn bis Wandlitz, dann Bus 909, Haltestelle Lanke am Bogensee Bildungsstätte | **Tipp** Am Westufer des Bogensees befindet sich der »Waldhof«. Er wurde 1939/40 im Auftrag von Joseph Goebbels errichtet und steht heute unter Denkmalschutz. Zur Geschichte des Areals: www.bogensee-geschichte.de

109 Das Garnisonsmuseum

Deutsche Militärgeschichte mit Moschee

Das kleine Wünsdorf nahe Berlin hat eine lange Militärgeschichte. Davon zeugen unter anderem unter- und überirdische Bunkeranlagen. Das Oberkommando der Sowjetischen Streitkräfte in Deutschland hatte hier von 1954 bis 1994 seinen Sitz, zigtausende Sowjetbürger lebten in der Garnisonsstadt, und täglich fuhr ein Direktzug nach Moskau.

Das Museum befindet sich in einem kurz vor dem Ersten Weltkrieg gebauten und 2001 sanierten Pferdestall und widmet sich den Jahren 1910 bis 1945. Die Ausstellung macht deutlich: Der Islam gehört seit Langem zur deutschen Militärgeschichte. Davon erzählt der Abschnitt zum Ersten Weltkrieg: »Kriegsgefangenenlager und Ehrenfriedhof«. Deutschlands erste Moschee stand damals im Wünsdorfer Halbmondlager ganz in der Nähe. Das sorgfältig gearbeitete Holzmodell der 1930 abgerissenen Moschee gehört zu den besonderen Kleinoden des Museums. Ansonsten herrscht ein recht wildes Nebeneinander von Fotografien, Texten und originalen Gegenständen, darunter Holzarbeiten tatarischer Gefangener. Dieses Stück deutsch-muslimische Geschichte wurde mitten in den militärhistorischen Parcours der Ausstellung platziert, zwischen Heeressportschule und Erster-Weltkriegs-Schlachten. Die besondere Geschichte muslimischer Kriegsgefangener zeigt sich hier als etwas rätselhaftes Mosaik, erzählt aus einer offiziellen Perspektive.

Draußen ist es ruhiger. Hier steht ein Originalgedenkstein vom Zehrensdorfer Friedhof, auf dem bis heute die Gräber der in der Umgebung verstorbenen indischen Soldaten der britischen Armee liegen.

Der engagierte Förderverein Garnisonsmuseum betreibt die Ausstellung; nebenan gibt es einen zweiten sanierten Pferdestall: »Russischer Soldatenalltag (1945–1994)«. Ein Museumsshop hält Militaria und Nippes bereit, die Straße hinunter gibt es günstige Bücher, gegenüber kann ein Luftschutzturm besichtigt werden.

Adresse Gutenbergstraße 9, 15806 Zossen | ÖPNV Bahn RB 24, RB 8, Haltestelle Wünsdorf-Waldstadt; Bus 770, Haltestelle Waldstadt, Bücherstadt | Öffnungszeiten März–Okt. Di–Fr 11–14 Uhr, Sa–So und Feiertage 10–17 Uhr | Tipp Je nach Wetter ins Strandbad oder ins lokalhistorische Museum des Teltow in der alten Dorfschule.

110 Die Moscheestraße

Wegweiser in eine überraschende Vergangenheit

Deutschlands einzige Moscheestraße liegt südlich von Berlin und erinnert an das Halbmond- und das Weinberglager, in denen im Ersten Weltkrieg 16.000 außereuropäische Kriegsgefangene interniert waren, darunter viele Muslime. Für sie wurde in kürzester Zeit eine Moschee aus Holz gebaut und zum Ramadan 1915 eingeweiht. Das folgte der Haager Landkriegsordnung, die vorsieht, dass Gefangene ihre Religion ausüben können. Die Moschee war Teil der Dschihad-Strategie des Auswärtigen Amts, mit der Muslime gegen die anderen Kolonialmächte, Feinde des Deutschen Reichs, aufgewiegelt werden sollten.

Die namenlose Moschee demonstrierte als Propagandaobjekt: Wir behandeln Kriegsgefangene gut. Damit sich die Nachricht verbreitete, wurde die Moschee tausendfach auf Postkarten gedruckt. Die Erzählung von den »guten Deutschen« richtete sich mit der bildmächtigen Kulissenarchitektur ebenso an Gegner wie an den Bündnispartner, das Osmanische Reich. Die Adressaten finden sich in architektonischen Zitaten wieder: Der Grundriss orientiert sich am Felsendom in Jerusalem, das Minarett am osmanischen Stil. Mit weiteren indischen und nordafrikanischen Formzitaten ist diese Kompilation eine echte orientalistische Phantasie.

Tatsächlich versammelten sich zum Fest des Fastenbrechens 1922 an dieser damals einzigen Moschee in Deutschland Muslime aus mehreren Dutzend Ländern, geschätzt wurden 15.000. Nachdem die Berliner Moschee 1925 eingeweiht worden war, geriet die Wünsdorfer Moschee in Vergessenheit und wurde schließlich abgerissen.

2015 überschlugen sich die Ereignisse in der Moscheestraße. Archäologische Ausgrabungen förderten auf dem Areal Fragmente der bunten Moscheefenster, Fliesen aus den rituellen Waschräumen und den Blitzableiter des Minaretts zutage. Zugleich richtete das Land Brandenburg hier eine Erstaufnahmeeinrichtung für Geflüchtete ein, in der bis heute auch Muslime leben.

Adresse Moscheestraße, 15806 Zossen | **ÖPNV** Bahn RB 24, RB 8, Haltestelle Wünsdorf-Waldstadt, 20 Minuten Fußweg | **Tipp** Das einst prächtige Haus der Offiziere auf der gegenüberliegenden Straßenseite kann mit Führung besichtigt werden.

111 Der Zehrensdorfer Ehrenfriedhof

Gräber indischer Soldaten unter Brandenburger Kiefern

Der Friedhof mitten im Kiefernwald ist auch als Indian Cemetary bekannt. Auf einer gepflegten Rasenfläche stehen rund 200 identische weiße Grabsteine in Reih und Glied, jeder trägt den Namen eines indischen Soldaten. Sie gehörten zur Armee des britischen Kolonialreichs im Ersten Weltkrieg und sind als Kriegsgefangene im nahen Halbmondlager gestorben. Ein massiver weißer Gedenkstein verlautbart auf Englisch, Hindi und Urdu: »In Erinnerung an die tapferen Hindus, Sikhs und Mohammedaner, die in den großen Kriegen ihre Leben für ihren König und ihr Land gaben.« George V. hieß der britische König, für den Ali Hyder Khan, Kalu Gurung und viele mehr starben. Ihr König? Ihr Land? Sie waren in den britischen Kolonien rekrutiert worden und wussten kaum, was sie erwartet.

Ein Klotz aus dunklem Sandstein mit vier dekorativen Turbanen erinnert an in Kriegsgefangenschaft verstorbene tatarische Soldaten aus der Armee des Russischen Reichs. Ein weiterer Gedenkstein steht hier für die sogenannten Kolonialsoldaten aus Nordafrika in der französischen Armee. Seine verwitterte arabische und deutsche Inschrift: »Wir schritten die Wege, die uns die Allmacht gab/von der Bahn seines Schicksals weicht niemand/auf Erden ab/in welchem Lande einem Menschen zu enden bestimmt/dort und sonst nirgends findet er Tod und Grab«. Ihren Tod fanden sie auf deutschem Territorium, das Schicksal ihrer Gräber erfuhr eine Wendung: Die Leichname der Verstorbenen sowohl der russischen als auch der französischen Armee wurden rücküberführt.

Zu DDR-Zeiten war der Friedhof auf dem Areal der sowjetischen Armee nicht zugänglich. Er wurde 2005 restauriert und für die Allgemeinheit geöffnet. Es ist ein ruhiger Ort, verlassen fast. Manchmal finden Familienangehörige hierher, die die Gräber ihrer Vorfahren besuchen.

Adresse jenseits der Hauptallee, 15749 Zossen | ÖPNV Bahn RB 24, RB 8, Haltestelle Wünsdorf-Waldstadt, dann 3,5 Kilometer Fußweg | Öffnungszeiten 24 Stunden geöffnet | Tipp Pilzsammler werden im Wald rundherum fündig.

1
104
105
Heiligensee
A111
Havel
Tegeler See
Tegel
3
Falkensee
Spandau
Staaken
101
81
Charlottenburg
51
A115
Grunewald
Havel
Kladow
26
97
Zehlendorf
Großer Wannsee
62
Kleinmachnow
106
107
POTSDAM
A115
Teltow
Stahnsdorf

108
A11
A10
2
Karow
A114
Wittenau
Nieder-
schönhausen
Ahrensfelde
4
Reinickendorf
72
Marzahn
1
Spree
BERLIN
Spree
A103
A100
95
67
A113
68
Köpenick
Mariendorf
Dahme
Lichtenrade
Schönefeld
A117
N
0
1,5 km
Blankenfelde-
Mahlow
109
110
111

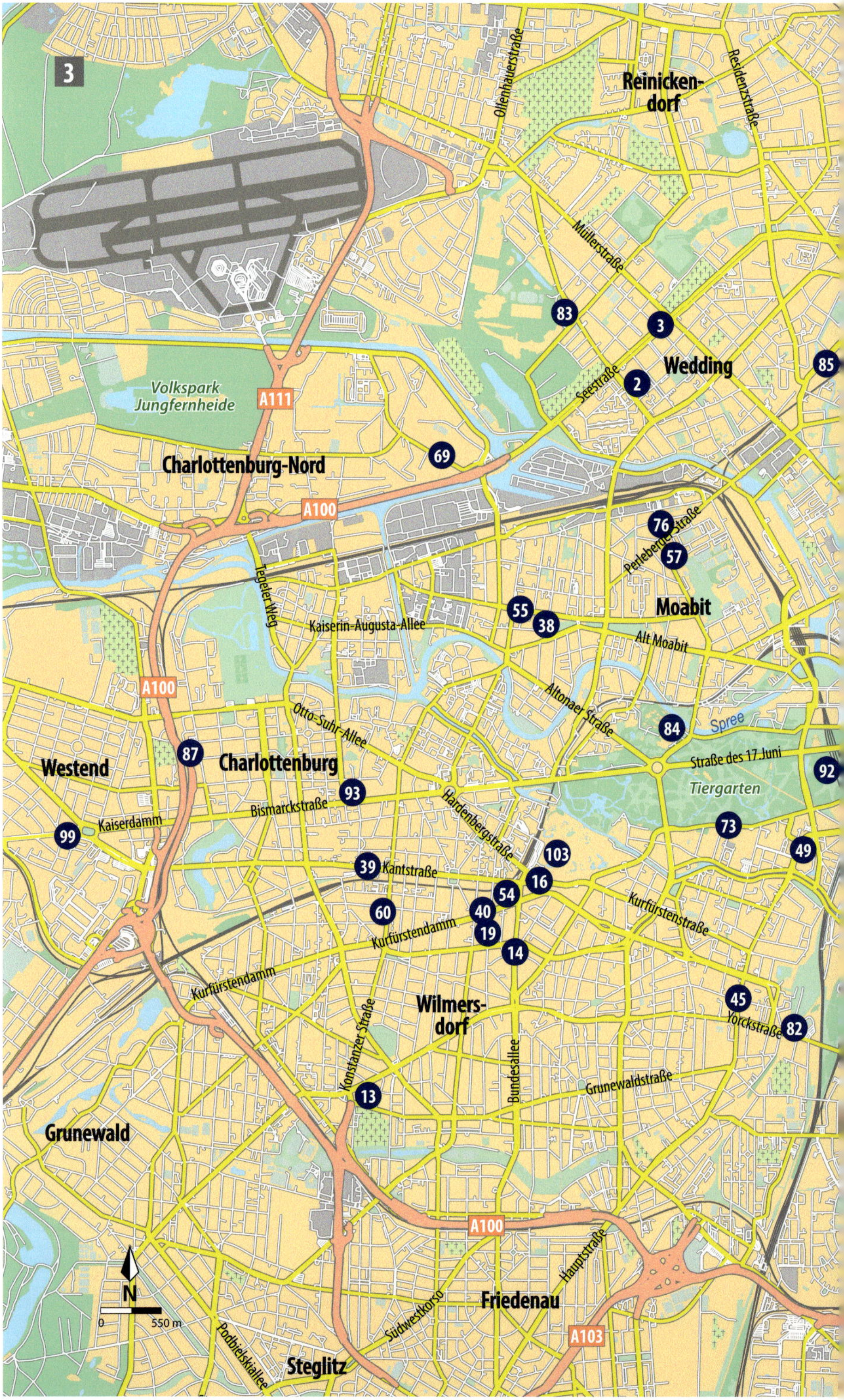

3
Reinickendorf
Residenzstraße
Ollenhauerstraße
Müllerstraße
Wedding
Seestraße
Volkspark Jungfernheide
A111
Charlottenburg-Nord
A100
Perleberger Straße
Moabit
Tegeler Weg
Kaiserin-Augusta-Allee
Alt Moabit
Altonaer Straße
Spree
Otto-Suhr-Allee
Westend
Charlottenburg
Straße des 17. Juni
Tiergarten
Bismarckstraße
Hardenbergstraße
Kaiserdamm
Kantstraße
Kurfürstenstraße
Kurfürstendamm
Wilmersdorf
Yorckstraße
Konstanzer Straße
Bundesallee
Grunewaldstraße
Grunewald
Hauptstraße
Südwestkorso
Friedenau
Podbielskiallee
Steglitz
A103
N
0
550 m
83
3
85
2
69
76
57
55
38
84
87
92
93
99
73
49
103
39
16
54
60
40
19
14
45
82
13

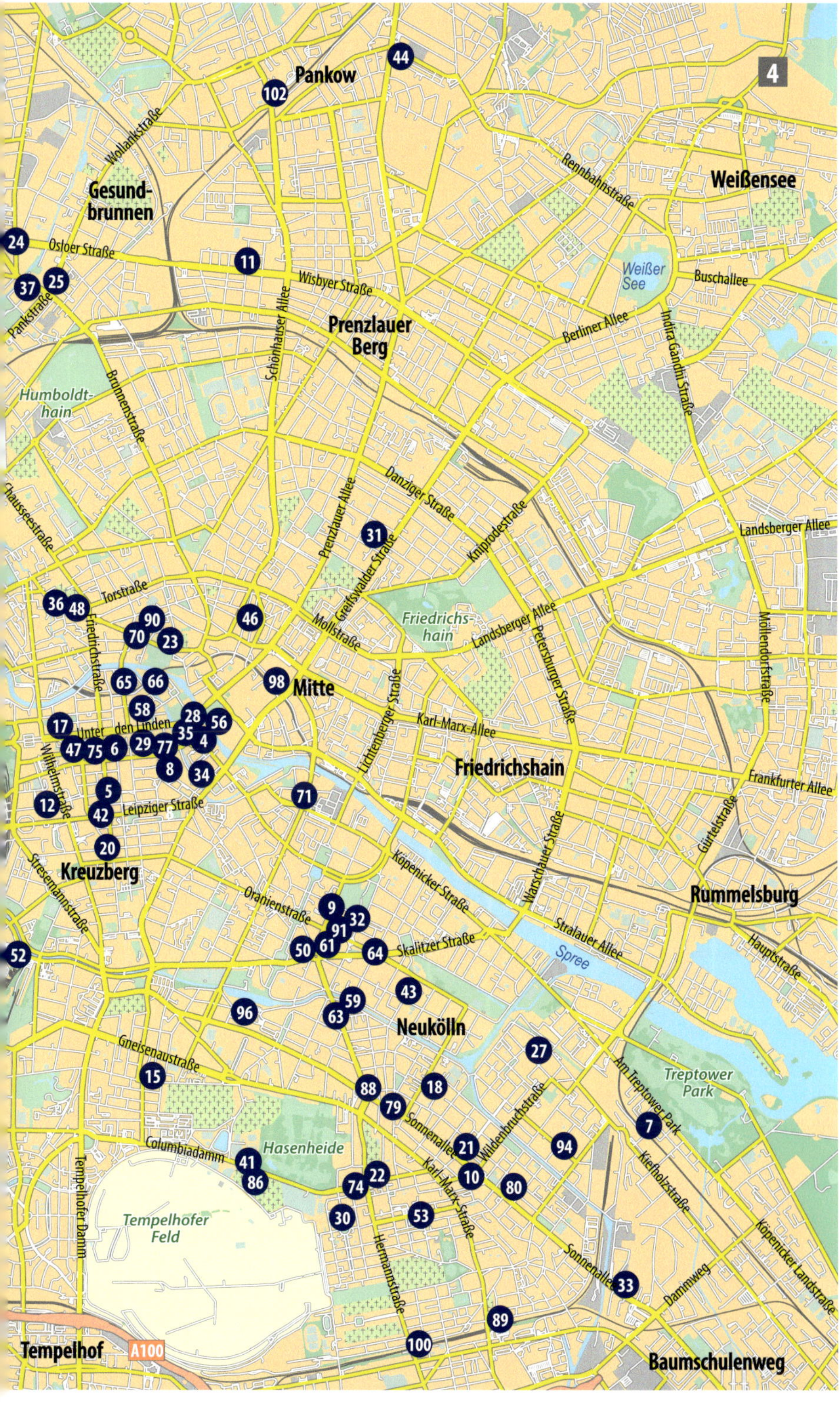
4
Pankow
Gesund-
brunnen
Weißensee
Wollankstraße
Rennbahnstraße
Osloer Straße
Wisbyer Straße
Weißer
See
Buschallee
Pankstraße
Prenzlauer
Berg
Berliner Allee
Schönhauser Allee
Indira Gandhi Straße
Humboldt-
hain
Brunnenstraße
Danziger Straße
Prenzlauer Allee
Knipprodestraße
Chausseestraße
Landsberger Allee
Greifswalder Straße
Torstraße
Friedrichs-
hain
Landsberger Allee
Friedrichstraße
Mollstraße
Möllendorfstraße
Petersburger Straße
Mitte
Lichtenberger Straße
Karl-Marx-Allee
Unter den Linden
Friedrichshain
Wilhelmstraße
Frankfurter Allee
Leipziger Straße
Gürtelstraße
Kreuzberg
Köpenicker Straße
Warschauer Straße
Stresemannstraße
Rummelsburg
Oranienstraße
Stralauer Allee
Skalitzer Straße
Hauptstraße
Spree
Neukölln
Gneisenaustraße
Treptower
Park
Am Treptower Park
Wildenbruchstraße
Sonnenallee
Columbiadamm
Hasenheide
Kiefholzstraße
Karl-Marx-Straße
Tempelhofer Damm
Tempelhofer
Feld
Hermannstraße
Sonnenallee
Dammweg
Köpenicker Landstraße
Tempelhof
A100
Baumschulenweg

Zitate:
Ort 9: bpb.de (2011): »Die Herkunft spielt keine Rolle – ›Postmigrantisches‹ Theater im Ballhaus Naunynstraße. Interview mit Shermin Langhoff«. Ort 15: Nassar, Zeina (2020): *Dream Big. Wie ich mich als Boxerin gegen alle Regeln durchsetzte*, S. 13. Ort 46: Roth, Joseph (1920/2009): *Werke I. Das journalistische Werk 1915–1923*, S. 397f. Ort 62: Nagel, Silke (2014): »Wilhelm Mertens und der Bau des ›Mittelhofs‹ – Höhepunkt einer Unternehmerkarriere in der Berliner Kolonialwirtschaft«, S. 121.

Für Koranübersetzungen stützen wir uns auf die Website des Corpus Coranicum: https://corpuscoranicum.de/de

Referenzen und Literatur zum Weiterlesen (Auswahl):
Ahmed, Aischa (2020): *Arabische Präsenzen in Deutschland um 1900: biografische Interventionen in die deutsche Geschichte*. Amirpur, Katajun (2021): *Khomeini: der Revolutionär des Islam: eine Biographie*. Asad, Muhammad (1955/2009): *Der Weg nach Mekka*. Asche, Matthias et al. (2022): *Hier geblieben? Brandenburg als Einwanderungsland vom Mittelalter bis heute*. Aslan, Ednan et al. (2015): *Islamische Seelsorge: eine empirische Studie am Beispiel von Österreich*. Bauer, Thomas (2011): *Die Kultur der Ambiguität. Eine andere Geschichte des Islams*. Beinhauer-Köhler, Bärbel/Claus Leggewie (2009): *Moscheen in Deutschland: religiöse Heimat und gesellschaftliche Herausforderung*. Böer, Ingeborg et al., Hg. (2002): *Türken in Berlin 1871–1945: eine Metropole in den Erinnerungen osmanischer und türkischer Zeitzeugen*. Diouf, Sylviane (2019): »What Islam Gave the Blues«. Brogiato, Heinz Peter/Matthias Röschner, Hg. (2020): *Koloniale Spuren in den Archiven der Leibniz-Gemeinschaft*. El Masrar, Sineb (2015): *Muslim Girls: wer sie sind, wie sie leben*. Frantz, Eva (2016): *Gewalt und Koexistenz: Muslime und Christen im spätosmanischen Kosovo (1870–1913)*. Genzken, Lisa (2021): »Wie rechts dürfen ›Islam-Experten‹ sein?«. Greble, Emily (2021): *Muslims and the making of modern Europe*. Griffel, Frank (2018): *Den Islam denken: Versuch, eine Religion zu verstehen*.

Grübel, Nils/Stefan Rademacher, Hg. (2003): *Religion in Berlin: ein Handbuch.* Gundermann, Iselin (1978): *Berlin als Kongressstadt 1878.* Gurnah, Abdulrazak (1994): *Paradise.* Haakh, Nora (2021): *Muslimisierte Körper auf der Bühne: Die Islamdebatte im postmigrantischen Theater.* Hakenberg, Marie/Verena Klemm, Hg. (2016): *Muslime in Sachsen: Geschichte, Fakten, Lebenswelten.* Hartmann, Elke (2016): »Armenisches Leben im Osmanischen Reich vor 1915«. Hasse, Dag Nikolaus (2021): *Was ist europäisch? Zur Überwindung kolonialer und romantischer Denkformen.* Hellmanzik, Timm Gerd (2023): *Vom »Türkenjoch« zu »Deutschlands Freundschaft für die Türkei«: der Wandel des Wissens über das Osmanische Reich in deutschen Geschichtsschulbüchern 1839–1918.* Hénin, Nicolas (2015): *Jihad Academy.* Heschel, Susannah (2018): *Jüdischer Islam: Islam und jüdisch-deutsche Selbstbestimmung.* Höhl, Claudia et al., Hg. (2022): *Islam in Europa, 1000–1250.* Höpp, Gerhard (1999): *Muslime in der Mark: Als Kriegsgefangene und Internierte in Wünsdorf und Zossen, 1914–1924.* Höpp, Gerhard/Gerdien Jonker, Hg. (1996): *In fremder Erde: zur Geschichte und Gegenwart der islamischen Bestattung in Deutschland.* Jonker, Gerdien (2020): *On the margins: Jews and Muslims in interwar Berlin.* Kahleyss, Margot (1998): *Muslime in Brandenburg – Kriegsgefangene im 1. Weltkrieg.* Kermani, Navid (2016): *Zwischen Koran und Kafka: West-östliche Erkundungen.* Kermani, Navid (2018): *Gott ist schön. Das ästhetische Erleben des Koran.* Khani, Behzad Karim (2023): »Integriert euch doch selber!« Kleff, Sanem/Eberhard Seidel-Pielen (2009): *Stadt der Vielfalt: das Entstehen des neuen Berlin durch Migration.* Kokoschka, Alina (2018): »Reading between the Lines: Arabic Script, Islamic Calligraphy, and the Question of Legibility«. Konrad, Alexander (2022) *Umdeutungen des Islams: bundesdeutsche Wahrnehmungen von Muslim*innen, 1970–2000.* Krüger, Karen (2016): *Eine Reise durch das muslimische Brandenburg.* Lange, Britta (2019): *Gefangene Stimmen. Tonaufnahmen von Kriegsgefangenen aus dem Lautarchiv 1915–1918.* Mandel, Gabriele (1979): *Wie erkenne ich Islamische Kunst? Architektur, Skulptur, Malerei.* Mediendienst Integration (2018): *Islamische Verbände in Deutschland.* Milz, Kristina (2022): *Karl Süssheim Bey (1878–1947): eine Biografie über Grenzen.* Motadel, David

(2017): *Für Prophet und Führer: die islamische Welt und das Dritte Reich*. Nordbruch, Götz/Umar Ryad, Hg. (2014): *Transnational Islam in interwar Europe: Muslim activists and thinkers*. Özdemir, Leyla (2012): *Die Identitätsentwicklung der türkischen Familien in Berlin: im 50. Einwanderungsjahr*. Oener, Atilla (2021): *Im Strom*. Polaschegg, Andrea (2005): *Der andere Orientalismus*. Ruete, Emily (1886): *Leben im Sultanspalast: Memoiren aus dem 19. Jahrhundert*. Senatsverwaltung für Stadtentwicklung und Umwelt (2012): *Islamische Bestattungen in Berlin. Grundlagenbetrachtung*. Zaimoglu, Feridun/Günter Senkel (2013): *Schwarze Jungfrauen*. Soliman, Asmaa/Zubair Ahmad (2021): *Kritik und Vision einer postmigrantischen Gesellschaft*. Spielhaus, Riem/Nina Mühe, Hg. (2018): *Islamisches Gemeindeleben in Berlin*. Spuler-Stegemann, Ursula (2014): *Die 101 wichtigsten Fragen - Islam*. Steinke, Ronen (2017): *Der Muslim und die Jüdin: die Geschichte einer Rettung in Berlin*. Tergit, Gabriele (1999): *Wer schießt aus Liebe? Gerichtsreportagen*. The Disorientalists (2016): *Who Was Essad Bey?*. Theilig, Stephan (2013): *Türken, Mohren und Tataren: muslimische (Lebens-) Welten in Brandenburg-Preussen im 18. Jahrhundert*. Van der Heyden, Ulrich (2008): *Auf Afrikas Spuren in Berlin. Die Mohrenstraße und andere koloniale Erblasten*. Vinding, Niels et al., Hg. (2018): *Exploring the multitude of Muslims in Europe: Essays in honour of Jørgen S. Nielsen*. Wiede, Jochen (2020): *Orientalisch-persische Gartenkultur: Paradiese und der Garten im Islam*.

Unser Dank

gilt allen, die ihre Geschichten für dieses Buch mit uns geteilt haben. Darüber hinaus danken wir für freundschaftliche und kollegiale Unterstützung sowie kritischen Austausch: Bani Abidi, Ayse Almila Akca, Esther Dischereit, Ulrike Freitag, Anna Hampel, Shoghig Hartmann, Peter Heine, Andreas Kaplony, Sarah Kiyanrad, Birgit Krawietz, Fabian Larsson, Christoph Liell, Emma Mages, Jasmin Mahazi, Saboura Naqshband, Cathy Narriman, Günther Orth, Christoph Peters, Elke Posselt, Sabrina Ibtisam Sohbi, Abdolaye Sounaye, Clea Stanischewsky, Talin Sucian und Juanita Villamor. Die verbleibenden Fehler sind unsere eigenen.

Den Mitarbeiterinnen von emons: danken wir für die freundliche Zusammenarbeit und insbesondere Tobias Doetsch für seine geduldige Mitwirkung.

Bettina Gräf ist promovierte Islamwissenschaftlerin. In Leipzig aufgewachsen, verstand sie Ost- und Westdeutschland besser, als sie sich aufmachte, beides von außen zu sehen. Die Beschäftigung mit dem Islam half ihr dabei. Sie lehrt in München und lebt in Berlin.

Julia Tieke ist Kultur- und Islamwissenschaftlerin. Sie arbeitet als Autorin und Hörspielredakteurin und recherchiert rund um Kunst, Musik, Islam und Stadt. Seit 2005 lebt sie in Berlin-Neukölln und begeistert sich für die ruppige Hauptstadt.

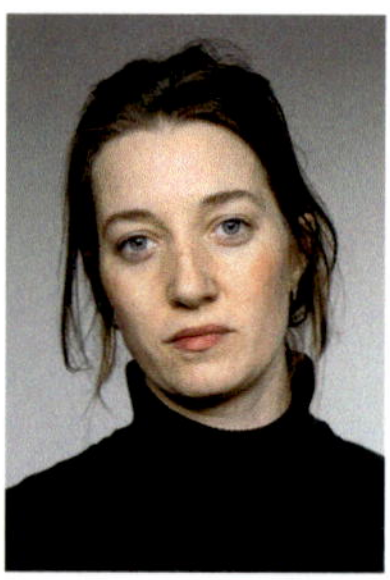

Mirka Pflüger ist freie Fotografin. Sie hat die Ostkreuzschule für Fotografie in Berlin absolviert. In ihren dokumentarischen Arbeiten erforscht sie das Besondere im Gewöhnlichen. Sie lebt in Berlin-Neukölln und ist gerne unterwegs.